AF368570

NAPOLÉON Ier

PEINT PAR LUI-MÊME

PARIS. — IMP. SIMON RAÇON ET COMP., RUE D'ERFURTH, 1.

NAPOLÉON Ier

PEINT PAR LUI-MÊME

PAR

M. RAUDOT

ANCIEN REPRÉSENTANT DE L'YONNE

Auteur de La France avant la Révolution, de Mes Oisivetés,
De la Décadence et de la Grandeur de la France, etc.

PARIS

E. DENTU, LIBRAIRE-ÉDITEUR

PALAIS-ROYAL, 17, ET 19, GALERIE D'ORLÉANS

1865

Tous droits réservés

NAPOLÉON IER

PEINT PAR LUI-MÊME

PREMIÈRE PARTIE

I

Présenter au public une étude nouvelle sur Napoléon Ier peut sembler une œuvre présomptueuse et inutile après tant d'histoires, tant de panégyriques, tant de critiques qui ont exalté ou attaqué le grand capitaine et le grand homme, et cependant cette étude peut être beaucoup plus vraie que tout ce que les écrivains, grands ou petits, ont écrit jusqu'à présent sur Napoléon, parce qu'elle peut s'appuyer sur des documents nouveaux et dont l'autorité, la vérité ne peu-

vent être contestées par personne, sur la correspondance journalière de Napoléon lui-même.

En 1854, M. Fould, ministre d'État, disait dans un
rapport à l'empereur Napoléon III :

« Votre Majesté a pensé, Sire, qu'il était du plus
« haut intérêt national de recueillir et de coordonner
« cette correspondance aujourd'hui éparse dans les
« dépôts publics et dans quelques mains particulières.
« Les hommes d'État, les administrateurs, les histo-
« riens y trouveront les plus utiles enseignements, et
« ce sont autant de matériaux précieux pour le monu-
« ment que la France élèvera à la gloire de Napoléon Iᵉʳ
« par la publication de ses œuvres immortelles. »

Sur la proposition du ministre, S. M. Napoléon III
institua, par décret du 7 septembre 1854, une commission « *pour recueillir*, dit-il, *coordonner et publier*
« *la correspondance de notre auguste prédécesseur*
« *Napoléon Iᵉʳ relative aux différentes branches d'in-*
« *térêt public.* »

Cette commission lit à l'empereur, le 20 janvier
1858, un rapport qui commence ainsi : « Sire, Auguste
« mit César au nombre des dieux et lui dédia un tem-
« ple ; le temple a disparu, *les Commentaires sont res-*
« *tés.* Votre Majesté, voulant élever au chef de sa dy-
« nastie un monument impérissable, nous a ordonné
« de recueillir et de publier la correspondance politi-
« que, militaire et administrative de l'empereur Napo-

« léon Ier... Telle est la tâche que Votre Majesté nous
« a confiée et dont nous étions loin de soupçonner
« l'étendue. Les milliers de lettres que nous avons re-
« cueillies de toutes parts, nous ont permis de suivre,
« malgré quelques regrettables lacunes, la pensée de
« Napoléon jour par jour, et d'assister pour ainsi dire
« à l'enfantement de ses projets, au travail incessant
« de son esprit, qui ne connut d'autre délassement que
« le changement d'occupation...

« Hâtons-nous de déclarer que, conformément aux
« intentions expresses de Votre Majesté, nous nous
« sommes scrupuleusement interdit, dans la repro-
« duction des lettres de l'empereur, toute altération,
« tout retranchement, toute modification de texte... »

Quinze gros volumes de cette correspondance ont
été publiés par cette commission scrupuleuse, et cependant cette correspondance s'arrêtait à la fin d'août
1807, un peu avant la guerre d'Espagne.

Le 5 février 1864, un décret provoqué par le maréchal Vaillant, ministre de la maison de l'empereur,
institua à la place de cette commission qui avait rempli
sa mission avec tant de zèle et de conscience, une nouvelle commission composée du prince Napoléon Jérôme, président, et de MM. le comte Walewsky, membre du conseil privé, Amédée Thierry, sénateur, le
comte de Laborde, directeur général des Archives de
l'empire, Sainte-Beuve, membre de l'Académie fran-

çaise, le colonel Favé, aide de camp de l'empereur.

La nouvelle commission ne dut pas comme l'ancienne s'interdire scrupuleusement dans la reproduction des lettres de l'empereur *toute altération, tout retranchement, toute modification de texte*. Le rapport fait par le prince à l'empereur, six mois après la formation de la commission, et au moment de la publication du seizième volume, constate le contraire.

« ... Nous avons voulu aussi, dit le rapport, éviter
« des répétitions trop fréquentes. Napoléon adminis-
« trait, certes, autant qu'il gouvernait ; sa correspon-
« dance contient une foule de prescriptions particu-
« lières qui ne sont souvent que le développement
« d'une mesure générale. Ces détails offrent sans
« doute un certain intérêt, mais ils se répètent néces-
« sairement, et ils augmentent d'une manière si con-
« sidérable, qu'ils nuiraient à toute vue d'ensemble et
« feraient disparaître l'esprit général, même pour le
« lecteur attentif.

« Nous avons écarté tout ce qui était blessant pour
« les personnes ; quand il donnait des ordres, quand
« il écrivait, quand il exprimait une opinion sur un
« homme, Napoléon pensait à l'action à exercer, à
« l'effet à produire à l'instant, bien plus qu'à pronon-
« cer un jugement que l'histoire dût enregistrer. Nous
« en trouvons à chaque instant la preuve dans ses let-
« tres. Nous n'avons laissé les personnalités que quand

« les événements ont trop justifié les rapides aperçus
« par lesquels Napoléon prouvait sa profonde connais-
« sance des hommes ; souvent encore, dans ce cas, nous
« avons supprimé les noms propres, ne les laissant
« que lorsqu'ils étaient, soit par les éloges, soit
« par le blâme, un moyen d'éclairer la conduite,
« de certains personnages dans la succession des évé-
« nements.

« La publication de la correspondance de Napoléon
« n'a pas de précédents. Quand on songe à la rapidité
« de ses dictées, au nombre prodigieux de ses lettres
« de chaque jour, à la quantité, à la diversité des
« affaires dont il s'occupait en même temps, allant tout
« à la fois de l'intérêt le plus important au détail le
« plus minutieux, on se demande quel est le gouver-
« nement, quelle est la famille même qui, ayant un de
« ses membres mêlé aux grandes affaires du monde,
« voudrait prendre l'opinion publique pour confidente,
« non-seulement de ses actions, mais de ses pensées
« les plus intimes ? C'était une idée nouvelle et hardie
« que vous nous avez chargés d'appliquer. Mais nous
« croyons que la justice de la postérité ne fera point
« défaut au grand homme ; qu'elle saura l'apprécier
« dans sa correspondance, comme citoyen, comme
« général, consul, empereur, et enfin comme proscrit
« et martyr. Sans doute, les esprits routiniers et d'une
« bienveillance craintive pourront nous reprocher d'a-

1.

« voir trop laissé voir Napoléon sans cette sorte de
« toilette dont les héros eux-mêmes ont besoin d'être
« parés pour se montrer en public ; quelques-unes de
« ses lettres prises isolément pourront donner lieu à
« des méprises ; mais pour les penseurs, les hommes
    sérieux et impartiaux, pour ceux qui jugent de haut
« et en dehors des exigences de la politique du jour,
« l'ensemble de l'œuvre jettera une grande lumière sur
« les transformations de notre révolution, sur les vi-
« cissitudes du gouvernement impérial, et sera, en dé-
« finitive, un monument qui portera plus haut encore
« la gloire de Napoléon Ier.

    « En général, nous avons pris pour guide cette idée
« bien simple, à savoir que nous étions appelés à pu-
« blier ce que l'empereur aurait livré à la publicité si,
« se survivant à lui-même et devançant la justice des
« âges, il avait voulu montrer à la postérité sa personne
« et son système... »

Dans les volumes que publie la nouvelle commission,
nous n'aurons donc plus les lettres de Napoléon sans
altération, sans retranchement, sans modification de
texte, comme dans les quinze premiers volumes ; nous
n'aurons plus Napoléon tout entier, mais Napoléon tel
qu'il aurait voulu lui-même montrer à la postérité sa
personne et son système, nous aurons une sorte de
complément et de confirmation du *Mémorial de Sainte-
Hélène.*

C'est donc dans les quinze premiers volumes que nous trouverons Napoléon tout entier, et c'est là que nous pourrons le voir tel qu'il était.

Ce qui frappe le plus la multitude dans Napoléon Ier, c'est le général. Par ses savantes combinaisons stratégiques, son art incomparable pour s'emparer de l'imagination des soldats, son éloquence militaire, son coup d'œil d'aigle sur les champs de bataille, ses victoires foudroyantes et complètes, il semble avoir dépassé les plus grands hommes de guerre de l'antiquité et des temps modernes. Un illustre écrivain, M. Thiers, dans son grand ouvrage du *Consulat et de l'Empire*, érige à la gloire de Napoléon, malgré quelques jugements qui ont l'air d'être sévères, le représente sans cesse comme un génie incomparable qui a pu commettre, qui a commis des fautes politiques, mais jamais de fautes militaires. Même après la guerre de

Russie, même après les désastres de 1813 et de 1814, même après Waterloo, M. Thiers n'admet pas que Napoléon ait fait la moindre faute dans le commandement de ses armées.

Il est difficile de partager cette conviction de M. Thiers. L'homme du plus grand génie n'est qu'un homme et l'infaillibilité ne lui appartient pas. Lorsqu'on voit Napoléon envahir la Russie avec une armée immense composée en partie de jeunes soldats, trop faibles encore pour supporter les fatigues et les privations d'une telle guerre, et de régiments étrangers d'une fidélité douteuse, lorsqu'on le voit s'épuiser en combinaisons que M. Thiers trouve admirables, qui devaient anéantir les deux armées russes et dont pas une ne réussit, il faut bien admettre qu'il avait mal calculé les difficultés de faire mouvoir et vivre son immense armée dans un pays pauvre, à moitié désert, et les forces de ses soldats pour surmonter tant d'obstacles. N'avait-il pas alors perdu la première qualité d'un général d'armée, qui doit avant tout savoir ce qui est possible et ce qui ne l'est pas, prévoir et assurer les moyens nécessaires au succès?

Lorsque, dans la campagne de 1813, Napoléon dissémine une grande partie de ses forces dans des places éloignées, forme sans cesse des combinaisons admirables, aux yeux de M. Thiers, pour détruire les armées de la coalition, mais qui échouent dans l'exécution et aboutissent au désastre de Leipzik ; lorsqu'en 1814, il imagine de se porter sur les derrières de l'ennemi si supérieur en nombre et lui laisse ainsi la facilité de prendre Paris ; lorsqu'en 1815, après avoir battu, mais nullement détruit les Prussiens à Ligny, il donne des ordres vagues à Grouchy, attaque de front l'armée anglaise, bien retranchée, s'acharne contre elle à des assauts successifs sans résultats, succombe enfin sous les efforts des Anglais inébranlables et des Prussiens revenus à la charge, il est impossible de croire qu'il n'ait pas fait de fautes militaires. Dans quatre campagnes, Napoléon, chef d'empire et général omnipotent, voit ses armées, qu'il commande en personne, défaites, presque anéanties, et ses soldats étaient toujours cependant d'une bravoure incomparable et les premiers soldats de l'Europe ; n'est-il pas évident dès lors que le génie militaire de Napoléon, si grand qu'il fût, n'était pas infaillible ? Napoléon n'en est pas moins un des plus grands généraux de tous les temps.

Mais, du reste, notre intention n'est pas d'étudier Napoléon comme homme de guerre ; tout ce qu'on peut dire à ce sujet a été dit, et la correspondance elle-même n'apprend à peu près rien de nouveau : ce que nous voulons étudier, c'est l'homme dans le souverain, avec ses idées et son caractère, c'est le chef d'empire dans sa politique intérieure et extérieure ; nous n'avons pas la prétention de faire un nouveau portrait du grand homme : nous le ferions sans doute comme tant d'autres, peu ressemblant ; le vrai portrait de Napoléon a été fait par lui-même dans sa correspondance où il revit tel qu'il était, c'est ce portrait vivant que nous allons montrer à nos lecteurs.

III

Le coup d'État du 18 brumaire (9 novembre 1799),
exécuté par des soldats, avec l'appui de deux des cinq
directeurs et de la majorité du conseil des Anciens, fit
d'abord du général Bonaparte un des trois consuls
chargés du pouvoir exécutif : à l'instant même, reje-
tant dans l'ombre ses deux collègues et saisissant le
gouvernail d'une main ferme, il donna l'impulsion à
tout et prit seul le pouvoir suprême. Toutefois, il ne se
présenta point d'abord comme aspirant à la souveraineté et au trône, il fit tout le contraire. Ses proclamations à l'armée, à la garde nationale, au moment du
coup d'État finissaient par le cri de : *Vive la République !* C'était pour sauver la république qu'il faisait
le coup d'État. (Tome VI, p. 3, 4 et 5 de la *Correspondance.*)

Dans son discours au conseil des Anciens du 19 brumaire, le jour même où il fit sauter par les fenêtres les députés du conseil des Cinq-Cents, il disait avec indignation : « Aujourd'hui on m'abreuve de calomnies,
« on parle de César, on parle de Cromwell, on parle
« de gouvernement militaire. Le gouvernement mili-
« taire si je l'avais voulu, serais-je accouru pour prêter
« mon appui à la représentation nationale ?... Déjà l'on
« blâme le conseil des Anciens des mesures qu'il a
« prises et de m'avoir investi de sa confiance. Pour
« moi, je n'en suis point ébranlé. Tremblerais-je devant
« des factieux, moi que la coalition n'a pu détruire !
« Si je suis un perfide, soyez tous des Brutus. Et vous,
« mes camarades, qui m'accompagnez, vous, braves
« grenadiers, que je vois autour de cette enceinte, que
« ces baïonnettes avec lesquelles nous avons triomphé
« ensemble se tournent aussitôt contre mon cœur. Mais
« aussi si quelque orateur soldé par l'étranger ose pro-
« noncer contre votre général le mot *hors la loi*, que la
« foudre de la guerre l'écrase à l'instant. Souvenez-
« vous que je marche accompagné du dieu de la guerre
« et du dieu de la fortune... » (*ibid.*, page 4[1].)

Dans leur proclamation aux Français, du 21 brumaire, les consuls finissent ainsi : « Prêtez avec nous le

---

[1] La pagination à laquelle renvoyent les indications placées au bas de chaque lettre, est celle de l'édition in-8°, imprimée sur la publication officielle, volume pour volume, par M. Henri Plon.

« serment que nous faisons d'être fidèles à la répu-
« blique une et indivisible, fondée sur l'égalité, la
« liberté et le système représentatif. »

Le 18 pluviôse an VIII, le premier consul, Bonaparte,
ordonnait au ministre de l'intérieur de faire placer dans
la grande galerie des Tuileries une foule de statues de
grands hommes et notamment celles de Brutus et de
Washington, et le même jour il adressait à toute l'armée l'ordre du jour suivant :

« Washington est mort, ce grand homme s'est battu
« contre la tyrannie. Il a consolidé la liberté de sa
« patrie. Sa mémoire sera toujours chère au peuple
« français comme à tous les hommes libres des deux
« mondes et spécialement aux soldats français qui,
« comme lui et les soldats américains, se battent
« pour l'égalité et la liberté.

« En conséquence le premier consul ordonne que
« pendant dix jours des crêpes noirs seront suspendus
« à tous les drapeaux et guidons de la république. »
(Page 118, t. VI.)

Mais dans ce moment même, Bonaparte présentait
à l'acceptation du peuple la constitution de l'an VIII
qui préparait à la France un régime complétement
opposé à celui des États-Unis.

Sieyès, un des consuls, avait la prétention d'être un
profond politique; son projet de constitution n'aurait
donné à Bonaparte, grand électeur, que des honneurs

et des jouissances sans pouvoir, mais Bonaparte modifia
ce projet de manière à préparer le pouvoir absolu
d'un seul.

D'après la constitution de l'an VIII, modifiée les
6 mai et 4 août 1804, le gouvernement, c'est-à-dire
les trois consuls, propose les lois, un Tribunat les
discute, un Corps législatif les vote ou les rejette sans
discussion, un Sénat veille au maintien de la constitution et des lois. Mais ces corps n'ont point de vie.

Le premier consul est Bonaparte qui fait tout et
nomme à toutes les fonctions ; ses nouveaux collègues,
Cambacérès et Lebrun, car Sieyès et l'obscur Roger-
Ducos sont bientôt renvoyés, subissent l'ascendant de
la volonté de fer de Bonaparte, et ne sont plus que ses
humbles conseillers ; tous les membres du Sénat,
choisis par lui, sont ou des généraux accoutumés à
l'obéissance passive, ou des révolutionnaires compromis, heureux de trouver des honneurs et de l'argent
sous un gouvernement qui leur assure la sécurité pour
leur passé, ou des savants qui veulent le repos dans les
dignités, ou de riches propriétaires qui, échappés à
l'échafaud en courbant la tête devant l'ouragan révo-
lutionnaire, ont en horreur l'anarchie qui a failli les
dépouiller et les décapiter.

Ce n'est pas seulement la composition de ces corps
et l'habileté avec laquelle on fixe leurs attributions qui
leur ôtent la vie, c'est le silence qui se fait autour d'eux ;

aucune de leurs séances n'est publique, et on ne conserve que le nom de la liberté de la presse. Ensuite le premier consul fait un profond changement dans la constitution de l'administration et proclame un principe dont les résultats étaient infaillibles.

Au moment de la révolution de 1789, l'Assemblée constituante avait aboli les intendants et leurs subdélégués, ces fonctionnaires impopulaires, instruments dociles des volontés du gouvernement sur tous les points du territoire, et les avait remplacés par des administrations collectives dont les membres étaient nommés par des électeurs. Cette organisation existait encore au moment du coup d'État du 18 brumaire ; le premier consul ne veut plus des directoires des départements et des districts qui, composés d'hommes de chaque localité, nommés par leurs concitoyens, auraient pu présenter quelque résistance au pouvoir central ou au moins avoir peu d'empressement à lui obéir en tout : il les remplace par des préfets et sous-préfets étrangers aux localités et instruments dociles et énergiques de ses volontés quelles qu'elles fussent. Il met près des préfets des conseillers de préfecture amovibles comme eux, et juges des affaires administratives contentieuses, c'est-à-dire de toutes les affaires d'argent qui intéressent le gouvernement: il crée des conseils généraux et des conseils d'arrondissement dont les membres, choisis par le gouvernement, donnent des avis inspirés par le préfet.

La constitution proclame en outre que les fonctionnaires publics quelconques ne pourront être poursuivis devant les tribunaux pour faits commis dans l'exercice ou à l'occasion de l'exercice de leurs fonctions sans l'autorisation préalable du gouvernement, de sorte que l'impunité des actes arbitraires leur est assurée, si le gouvernement le veut.

Bonaparte organisa le gouvernement civil sur le modèle de l'armée, l'obéissance passive fut la loi des administrateurs et des administrés comme des soldats, et son gouvernement fut en réalité plus absolu que n'avait jamais été celui de l'ancien régime, car il y avait alors des classes, des corps, des souvenirs qui entravaient encore sur certains points le gouvernement royal, tandis que la révolution, ayant courbé ou coupé toutes les têtes qui s'élevaient au-dessus des autres, ayant tout abattu et tout nivelé, le gouvernement ne trouvait plus rien pour l'arrêter et le contenir. D'ailleurs, la nation presque tout entière, fatiguée des agitations, des orgies sanguinaires et impies, des misères inouïes de la révolution, s'était dégoûtée de la liberté et aspirait au repos à tout prix ; voyant le général Bonaparte saisir d'une main ferme le pouvoir suprême, rétablir l'ordre matériel partout, réconcilier la France avec l'Église catholique, elle remit de confiance ses destinées entre ses mains. Les

2.

Romains avaient dit jadis : « *Omnia Cæsar erat,* » on peut dire qu'en France tout fut Napoléon. Le sort de la France, de l'Europe dépendit de son caractère et de ses idées : voyons donc dans sa correspondance même ses idées et son caractère.

V

LIBERTÉ INDIVIDUELLE - - TRIBUNAUX -- CHOSE JUGÉE

AU CITOYEN FOUCHÉ

MINISTRE DE LA POLICE GÉNÉRALE. [1]

15 germinal an VIII (5 avril 1800).

« Ordre... d'éloigner de Paris une cinquantaine d'individus accoutumés à vivre de mouvements révolutionnaires...

« BONAPARTE. »

Tome VI, page 211.

[1] Le premier consul avait institué un ministère de la police générale, et choisi pour ministre le fameux régicide Fouché, l'impitoyable exécuteur des décrets de la Convention et des ordres du Comité de salut public.

AU GÉNÉRAL BERNADOTTE

COMMANDANT EN CHEF DE L'ARMÉE DE L'OUEST

Milan, 15 prairial an VIII (4 juin 1800).

« ..... Prenez mort ou vif ce coquin de Georges. Si vous le tenez une fois, faites-le fusiller vingt-quatre heures après, comme ayant été en Angleterre après la capitulation.

« BONAPARTE. »

Tome VI, page 554.

AU CITOYEN FOUCHÉ

MINISTRE DE LA POLICE GÉNÉRALE

Paris, 15 nivôse an IX (5 janvier 1801)

« Il y a à Paris, citoyen ministre, trois classes d'individus qui méritent une surveillance particulière :

« 1° Les Italiens réfugiés ;

« 2° Les Colons ;

« 3° Les amnistiés de l'Ouest.

« Je vous prie de me faire connaître combien d'individus de ces trois classes se trouvent à Paris et de me proposer des mesures ayant pour but de les éloigner de la capitale.

« BONAPARTE. »

Page 548.

AU CITOYEN FOUCHÉ

MINISTRE DE LA POLICE GÉNÉRALE

Paris, 7 pluviôse an IX (27 janvier 1801).

« Vous trouverez ci-joint, citoyen ministre, un mandat d'arrêt contre deux juges de paix qui se sont immiscés de faire mettre en liberté des individus arrêtés comme prévenus de conspiration, je vous prie de l'envoyer par un courrier extraordinaire et de faire donner l'ordre de transférer à l'île d'Oleron les seize individus qui ont été arrêtés. Vous ordonnerez à l'inspecteur de division de gendarmerie de les faire escorter par un nombre suffisant de gendarmes qui les remettront au commandant d'Oleron.

« BONAPARTE. »

Page 594.

AU CITOYEN FOUCHÉ

MINISTRE DE LA POLICE GÉNÉRALE

Paris, 12 ventôse an IX (3 mars 1801).

« Les nommés Bourmont, D'Andigné, Suzannet, Hugant de Saint-Maur seront envoyés, deux dans les prisons de la citadelle de Besançon et les deux autres dans les prisons de la citadelle de Dijon.

« BONAPARTE. »

Tome VII, page 58.

AU CITOYEN TALLEYRAND

MINISTRE DES RELATIONS EXTÉRIEURES

Paris, 13 prairial an IX (2 juin 1801).

« Faites connaître, citoyen ministre, par un courrier extraordinaire au citoyen Petiet (ministre extraordinaire de la République française à Milan) que le général Moncey est nommé lieutenant général commandant le corps des troupes françaises dans la Cisalpine.....

« Je désire que le ministre Petiet et le général Moncey se réunissent pour former une liste des cinquante plus mauvais sujets Français ou Italiens qui ont fomenté les troubles (à Milan) et les envoyer à Fénestrelles pour y être détenus jusqu'à nouvel ordre.

« BONAPARTE. »

Tome VII, page 163.

AU CITOYEN ABRIAL

MINISTRE DE LA JUSTICE

Paris, 13 brumaire an X (4 novembre 1801).

« Le premier consul me charge, citoyen ministre, de vous faire connaître de nouveau ses intentions à l'égard du citoyen Ducancel, défenseur officieux dont la conduite auprès du tribunal de Metz a été contraire au respect que les défenseurs doivent aux lois.

« Il vous invite à mander le citoyen Ducancel, à lui manifester le mécontentement du gouvernement et à lui enjoindre de ne plus porter la parole en présence d'aucun tribunal. »

Page 514.

AU CITOYEN FOUCHÉ

Paris, 5 ventôse an X (24 février 1802).

« ..... Le préfet de police qui me rend compte tous les soirs de la situation de Paris, ne doit jamais relâcher un individu arrêté pour raison politique sans m'en avoir rendu compte.....

« Je vous avais fait connaître que mon intention était qu'il ne fût donné aucune amnistie dans le Morbihan et que tous les brigands devaient être arrêtés et déportés. J'apprends, cependant, que par des ordres de la police, ces hommes ont été mis en surveillance dans les mêmes communes où ils ont exercé leur brigandage, mesure à la fois impolitique, faible, contraire à mes ordres et qui donne un véritable crédit et une force politique à ces restes de brigands.

« Faites-moi un rapport à ce sujet et prenez des mesures pour les faire arrêter sur-le-champ et transférer à Belle-Isle, jusqu'à ce que je puisse les faire transporter au delà de la ligne.

« Le rétablissement de la paix avec les puissances me

mettant à même de m'occuper plus particulièrement de la police, je désire être instruit de tout dans le plus grand détail et travailler avec vous au moins une et souvent deux fois par jour lorsque ce sera nécessaire.....

« BONAPARTE. »

Tome VII, page 598.

AU CITOYEN REGNIER

GRAND JUGE, MINISTRE DE LA JUSTICE

Saint-Cloud, 24 vendémiaire an XI (16 octobre 1802).

« Je vous prie, citoyen ministre, de faire embarquer et partir pour joindre leurs camarades, tous les individus qui sont aux îles de Ré et d'Oleron, détenus en vertu du sénatus-consulte de l'an VIII et d'y joindre les généraux Argout, Simon et Bertrand. Je désire que ces individus, qui seront à peu près trente, partent le plus tôt possible et soient embarqués très-secrètement, en tenant le lieu de leur destination très-ignoré.

« BONAPARTE. »

Tome VIII, page 67.

AU CONSUL CAMBACÉRÈS

Rouen, 9 brumaire an XI (31 octobre 1802).

« ..... Le grand juge ne doit pas perdre un instant à faire arrêter le notaire Petit, demeurant à Thy-le-

Château, à faire mettre les scellés sur ses papiers, faire biffer sa protestation et à le faire conduire au Temple. Les huit curés doivent être sur-le-champ arrêtés et conduits sous bonne escorte en Italie[1]...

« BONAPARTE. »

Page 85.

AU CITOYEN REGNIER
GRAND JUGE, MINISTRE DE LA JUSTICE

Paris, 21 pluviôse an XI (10 février 1805.

« Je suis instruit, citoyen ministre, que madame de Stael, malgré la défense qui lui a été faite de venir à Paris, arrive le 26 à Melun. Donnez ordre, je vous prie, à un officier de police de s'y rendre et de la faire sur-le-champ rétrograder sur la frontière et de la conduire soit dans la patrie de feu son mari, soit à la demeure de son père. L'intention du gouvernement est que cette étrange intrigante ne reste pas en France où sa famille a fait assez de maux.

« BONAPARTE. »

Page 204.

[1] Petit avait reçu une protestation de ces huit curés contre les lois organiques du Concordat.

3

AU CITOYEN REGNIER

GRAND JUGE, MINISTRE DE LA JUSTICE

5 messidor an XI (22 juin 1803).

« Je désire que vous lanciez un mandat d'arrêt contre les prêtres du diocèse de la Rochelle dont les noms suivent : Kemne, Gautier, Croisetière, Archambaud, François et contre l'imprimeur Commandite.

« Vous donnerez l'ordre de saisir à la fois leurs papiers et d'envoyer ces individus en toute diligence à Paris. Faites saisir toutes les brochures qui se trouveraient chez l'imprimeur Commandite et imprimées par lui.

« Envoyez un courrier extraordinaire...

« BONAPARTE. »

Tome VIII, page 568

AU CITOYEN REGNIER

GRAND JUGE, MINISTRE DE LA JUSTICE

Bruges, 24 messidor an XI (13 juillet 1803).

« ..... Tâchez donc de prendre des mesures pour faire arrêter ce misérable Hyde [1]...

« BONAPARTE. »

Page 599.

---

[1] Hyde de Neuville, ministre depuis sous la Restauration

AU CITOYEN REGNIER

GRAND JUGE, MINISTRE DE LA JUSTICE

Bruxelles, 9 thermidor an XI (28 juillet 1803.

« Faites arrêter Hyde sans écouter aucune considération quel que soit l'état où il se trouve et la maison où il soit.

« Il y a à Chambéry un prêtre qui a été pendant la Révolution à la tête du diocèse de Lyon et qui y a fait tout le mal possible. Il s'appelle Linsolade. Donnez ordre qu'on l'arrête et qu'on le retienne dans la citadelle de Turin.

« BONAPARTE. »

Page 421.

AU CITOYEN REGNIER

GRAND JUGE, MINISTRE DE LA JUSTICE

Paris, 10 vendémiaire an XII (5 octobre 1803).

« Je suis instruit, citoyen ministre, que madame de Staël est arrivée à Maffliers, près Beaumont-sur-Oise. Faites-lui connaître par le moyen d'un de ses habitués et sans causer d'éclat que si, le 15 vendémiaire, elle se trouve là, elle sera reconduite à la frontière par la gendarmerie. L'arrivée de cette femme, comme celle d'un oiseau de mauvais augure, a toujours été le signa de quelque trouble.

« BONAPARTE. »

Tome IX, page 15.

DÉCISION

À L'OCCASION D'UN RAPPORT SUR L'ACQUITTEMENT, PAR LE TRIBUNAL CRIMINEL
DE LOIR-ET-CHER,
DE DIX-SEPT ACCUSÉS QUE LE COMMISSAIRE DU GOUVERNEMENT A FAIT RÉINTÉGRER
DANS LA MAISON D'ARRÊT
JUSQU'À LA DÉCISION ULTÉRIEURE DE L'AUTORITÉ SUPRÊME

Saint-Cloud, 12 vendémiaire an XII (5 octobre 1803.)

« Demander l'opinion du président et faire venir la procédure. En attendant les condamnés seront retenus en prison comme y ayant contre eux de nouvelles charges. On avisera ensuite aux moyens de porter l'affaire devant un autre tribunal.

« BONAPARTE. »

Tome IX page 26.

AU CITOYEN REGNIER

Paris, 17 germinal an XII (7 avril 1804).

« Vous trouverez, citoyen ministre, un rapport du citoyen Portalis, relatif à des mouvements que se sont donnés plusieurs prêtres rebelles au moment même où se tramait une conspiration contre nous, mais les renseignements du citoyen Portalis sont loin d'être complets. Je sais que dans la Vendée il y a un certain nombre de prêtres qui ont refusé de reconnaitre le Concordat, et je me rappelle que l'évêque de la Rochelle en avait dénoncé neuf ou dix.

« Dans le diocèse de Liége, il faut également prendre des renseignements et faire arrêter dix des principaux. Prenez aussi des mesures pour faire arrêter les prêtres qui sont portés dans les rapports du citoyen Portalis. Je veux bien être indulgent et consentir à ce que ces prêtres soient transportés à Rimini, mais je désire que vous me fassiez connaître la peine qu'encourt un prêtre en place qui se sépare de la communion de son évêque et abjure un serment prêté. Dieu le punira dans l'autre monde, mais César doit le punir aussi dans celui-ci...

« BONAPARTE. »

Page 520.

AU CITOYEN REGNIER

Saint-Cloud, 29 germinal an XII (19 avril 1804).

« Donnez ordre, citoyen ministre, que M. d'Hauteville, ancien ministre du roi de Sardaigne, qui est à Turin, se rende en surveillance à Cahors.

« Faites éloigner de Calais les demoiselles Monsigny et Lange, qui se servaient d'un oratoire, desservi par des prêtres en correspondance avec des évêques rebelles, faites-les mettre en surveillance à quarante lieues de la côte.

« Je suis surpris d'apprendre que mademoiselle de Cicé a quitté Aix; elle n'est sortie de prison qu'à con-

3.

dition qu'elle ne rentrerait pas à Paris. Il paraît cependant convenable, si elle est revenue à Paris sans permission, de la faire arrêter.

« BONAPARTE. »

Tome IX, page 555.

A M. REGNIER

Saint-Cloud, 1er prairial an XII (21 mai 1804).

« Monsieur Regnier, grand juge, ministre de la justice, un grand nombre de prêtres des Deux-Sèvres ont fixé mon attention; ils sont rebelles à l'Église et à l'État. Mon intention est que vous fassiez arrêter les treize dénommés ci-dessous désignés comme les chefs...

« Tous ces individus seront arrêtés par la gendarmerie sans aucune intervention civile. Ils seront conduits en toute diligence dans les prisons de Poitiers.

« NAPOLÉON. »

Page 564.

AU MARÉCHAL SOULT

COMMANDANT LE CAMP DE SAINT-OMER

Saint-Cloud, 29 prairial an XII (18 juin 1804).

« Le procès des conspirateurs a beaucoup excité le bavardage dans la ville de Paris. La sentence plus qu'indulgente qu'a rendue le faible tribunal de la Seine sera exécutée aussitôt que les délais du pourvoi en cassation seront expirés. Quoique j'aie fait grâce à plusieurs individus, il restera une douzaine de brigands qu'il n'est pas possible de gracier et qui devront subir leur sentence. Quant au général Moreau, s'il n'a pas été condamné à mort il a eu un jugement flétrissant.

« NAPOLÉON. »

Page 596.

A M. FOUCHÉ

Pont-de-Briques, 5 thermidor an XII (24 juillet 1804).

« Monsieur Fouché, ministre de la police, il est convenable de chasser de Paris le fils de Bertrand-Molleville, et en général de purger Paris de tous les parents des individus qui sont à Londres à la solde de l'Angleterre.

« NAPOLÉON. »

Page 429.

¹ Le général Moreau fut condamné à deux ans de prison, mais sa peine fut changée en un exil aux États-Unis.

A M. FOUCHÉ

Mayence, 11 vendémiaire an XIII (5 octobre 1804).

« ... Faites arrêter Dubois, Lamurra, Cerutti, Rollando, sur-le-champ et faites-les placer à Briançon, faites-moi un rapport détaillé sur eux...

« Par Dieu, prenez des mesures pour que Datry, Lajolais, David et la Grimaudière ne se sauvent pas, il faut avoir une bonne prison d'État pour les renfermer.... Faites arrêter Bousquet, curé de la succursale de (*illisible*), Tarn, et faites informer en détail pour savoir si ce qu'on lui reproche dans le bulletin est vrai.

« Si ce que vous dites du P (*illisible*), limonadier, rue de la Concorde, se vérifie, faites-le arrêter et fermer son café.

« NAPOLÉON. »

Tome X, page 7.

A M. CAMBACÉRÈS

Lyon, 25 germinal an XIII (15 avril 1805).

« Mon cousin, je vous envoie un rapport très-important qui m'est fait par le ministre de la police. J'ai donné ordre qu'on arrêtât tous les prévenus, qu'on mît des inscriptions sur leurs biens et le séquestre sur leurs magasins. Je désire savoir quelle loi les condamne et ce qu'il y a à faire pour les mettre en jugement. Ces affaires sont d'une extrême importance. Ces messieurs faisaient la contrebande presque publiquement.

« NAPOLÉON. »

Page 525.

A M. FOUCHÉ

Mantoue, 1er messidor an XIII (20 juin 1805).

« Je vous envoie l'opinion de M. Lebrun sur le rapport que vous m'avez adressé ; j'en adopte les conclusions. Ce rapport prouve que vous n'êtes pas assez sévère. L'art de la police, afin de ne pas punir souvent, est de punir sévèrement.

« NAPOLÉON. »

Page 545.

A M. FOUCHÉ

Camp de Boulogne, 27 thermidor an XIII (15 août 1805).

« Il ne faut point relâcher l'adjudant-commandant Lenormand, mais le mettre dans une citadelle comme le fort de Joux ou autre. Cet homme est très-coupable, c'est lui qui, avec la belle-mère de Moreau, l'ont perdu. Ses intrigues et ses papiers le prouvent. Il est temps d'en finir.

« NAPOLÉON. »

Tome XI, page 95.

A M. FOUCHÉ

Camp de Boulogne, 29 thermidor an XIII (17 août 1805).

« Le rapport du préfet de police me paraît montrer quelque intérêt. Je désire que vous le communiquiez à M. Réal, qu'il fasse causer Lahorie, Lenormand, Rapatel, non pour bâtir sur tout cela une conspiration, mais pour s'assurer s'il n'y a autre chose que du bavardage. Je vous dirai que le général Dessolle que, dans ma bonne foi ordinaire, j'avais appelé à l'armée, a tenu en confidence, à des personnes qu'il croyait sûres, des propos fort extraordinaires, qui montreraient l'existence d'une petite clique aussi envenimée que lâche.

« Ce frère de Lahorie qui est à Paris n'est pas sans doute celui qui est mon conservateur à Liége. Il me semble qu'il devrait vous être facile, enfin, de vous défaire de Frémin, Rapatel, Lahorie, et qu'ils ne trouvassent pas l'impunité qu'ils trouvent. Il y a à Paris des personnes impliquées dans la conspiration de Moreau qui ne devraient pas y être. Je ne sais trop pourquoi Lecourbe est venu à sa campagne à quatre lieues de Paris. Mon intention était qu'il restât en Franche-Comté. Je sais bien que tout cela est une affaire finie ; mais ils tiennent des propos qui donnent à penser des choses étranges. Avec une police sévère on les reléguerait dans divers départements.

« Faire une liste de toutes les personnes civiles et militaires qui se trouvent compromises dans le procès de Moreau, et l'endroit où elles se trouvent actuellement.

« NAPOLÉON. »

Tome XI, page 97.

A M. FOUCHÉ

Camp de Boulogne, 7 fructidor an XIII (25 août 1805).

« ... Tenez donc la main à ce que les individus dont vous m'avez envoyé la note ne restent pas à Paris. Si le général Lecourbe y met le pied à plus de quarante lieues, faites-le arrêter...

« NAPOLÉON. »

Page 132.

A M. FOUCHÉ

Schœnbrunn, 1er nivôse an XIV (22 décembre 1805).

« J'ai ordonné au maréchal Berthier de délivrer un passe-port à Hyde, pour se rendre en Amérique, il s'embarquera à Cadix. J'ai accordé aussi une surveillance à Larue qui paraît moins coupable, éloignez-le du pays où il est dangereux et de Paris. Le séquestre ne sera levé des biens de ces individus que lorsqu'ils seront rendus à leur poste.

« NAPOLÉON »

Page 495.

A M. FOUCHÉ

Saint-Cloud, 24 juin 1806.

« Ceux des jeunes gens qui ont fait tapage au spectacle de Rouen, qui ne sont pas mariés et ont moins de vingt-cinq ans, seront envoyés au 5e régiment de ligne qui est en Italie. Faites-les mettre sur-le-champ en marche : en vivant avec les militaires, ils apprendront à les connaître et verront que ce ne sont pas des sbires...

« NAPOLÉON. »

Tome XII, page 485.

A M. FOUCHÉ

Saint-Cloud, 5 juillet 1806.

« Mon intention est de former au château de Compiano une prison d'État comme Fénestrelles. Faites faire les réparations pour contenir deux cents prisonniers. Nommez-y un lieutenant de gendarmerie sévère, et organisez cette maison de manière qu'on ne puisse pas s'en sauver...

« NAPOLÉON. »

Page 506.

A M. FOUCHÉ

Saint-Cloud, 14 août 1806.

« Vous ferez appeler samedi au ministère M. de Narbonne, vous lui ferez connaître que ses liaisons avec lord Lauderdale sont suspectes au gouvernement, et vous lui donnerez l'ordre de se retirer à quarante lieues de Paris. Vous veillerez à ce qu'il ne retourne pas dans la capitale.

« Vous enverrez également chercher madame de Balbi; vous lui ferez choisir sa résidence à quarante lieues de Paris. Vous lui ferez connaître que mon mécontentement vient de l'accueil fait à un émigré non amnistié venant de Londres. Il est temps que ces manéges-là cessent.

« Vous ferez partir madame Beaugeard pour Menton, où elle sera placée en surveillance.

« NAPOLÉON. »

Tome XIII, page 71.

A M. FOUCHÉ

Rambouillet, 25 août 1806.

« Écrivez au général Menou que lorsqu'il arrive qu'un homme arrêté pour avoir tenu des propos contre

4

le gouvernement ou tenté de troubler la tranquillité générale est acquitté par les tribunaux, il le fasse sur-le-champ écrouer de nouveau et vous en rende compte...

« NAPOLÉON. »

Tome XIII, page 105

A M. FOUCHÉ

Berlin, 12 novembre 1806.

« A l'égard de M. de Montagnac, il faut que vous vous concertiez avec M. Cambacérès, et revoir les termes du sénatus-consulte. Je crois être autorisé à révoquer la radiation que j'avais accordée et à le faire remettre sur la liste des émigrés. Mon intention est qu'il soit enfermé dans la citadelle de Fénestrelles.

« NAPOLÉON. »

Page 521.

A M. CAMBACÉRÈS

Osterode, 26 mars 1807.

« Mon cousin, je reçois votre lettre du 15... J'ai écrit au ministre de la police de renvoyer madame de Stael à Genève, en lui laissant la liberté d'aller à l'étranger tant qu'elle voudra. Cette femme continue son métier d'intrigante. Elle s'est rapprochée de Paris malgré mes ordres. C'est une véritable peste. Mon intention est que vous en parliez sérieusement au ministre, car je me verrais forcé de la faire enlever par la gendarmerie. Ayez l'œil sur Benjamin Constant, et à la moindre chose dont il se mêlera, je l'enverrai à Brunswick chez sa femme. Je ne veux rien souffrir de cette clique, je ne veux point qu'ils fassent de prosélytes...

« NAPOLÉON. »

Tome XIV, page 557.

A M. FOUCHÉ

Osterode, 28 mars 1807.

« Un nommé baron Dagorne, ancien conseiller au parlement de Rennes, et actuellement écrivain public au palais, est un homme très-mal intentionné. Renvoyez-le de Paris après l'avoir laissé quelque temps en prison.

« NAPOLÉON. »

Page 557.

A M. FOUCHÉ

Finkenstein, 7 mai 1807.

« Je vois dans votre bulletin du 27 avril, que madame de Stael était partie pour Genève. Je suis fâché que vous soyez si mal informé. Madame de Stael était les 24, 25, 26, 27, 28, et probablement est encore à Paris. Elle a fait beaucoup de diners avec des gens de lettres. Je ne crois pas qu'elle soit à Paris sans votre permission, toutefois il ne faudrait pas me dire qu'elle est partie pour Genève. Il est bien ridicule qu'on me fasse renouveler tous les jours un acte aussi simple. Si l'on n'avait pas rempli d'illusions la tête de madame de Stael, tout ce tripotage n'aurait pas eu lieu et elle se serait tranquillisée. En ne lui ôtant pas l'espoir de revenir jamais à Paris et recommencer son clabaudage, c'est accroître les malheurs de cette femme et l'exposer à des scènes désagréables, car je la ferai mettre à l'ordre de la gendarmerie et alors je serai sûr qu'elle ne reviendra pas impunément à Paris.

« NAPOLÉON. »

Tome XV, page 205.

A M. FOUCHÉ

Finkenstein, 11 mai 1807.

« Je reçois votre lettre du 2 mai. Cette folle de madame de Stael m'a écrit une lettre de six pages, qui est un baragouin où j'ai trouvé beaucoup de prétention et peu de bon sens. Elle me dit qu'elle a acheté une terre dans la vallée de Montmorency. Elle part de là pour en conclure qu'elle peut demeurer à Paris. Je vous répète que c'est tourmenter injustement cette femme que de lui laisser cet espoir. Si je vous donnais le détail de tout ce qu'elle a fait à sa campagne depuis deux mois qu'elle y demeurait, vous en seriez étonné, car quoiqu'à cinq cents lieues de la France, je sais mieux ce qui s'y passe que le ministre de la police.

« J'avais eu vent de ces joueurs à la baisse. Le frère Talleyrand y est pour une somme très-notable...

« NAPOLÉON. »

Page 216.

L'on voit d'après ces lettres et ces ordres de Napoléon qu'il mettait en surveillance, exilait, séquestrait les biens, emprisonnait malgré la loi sur la liberté individuelle; enfin il rendit, le 3 mars 1810, un décret impérial *concernant les détenus dans les prisons d'État, qu'il n'est point convenable ni de faire traduire devant les tribunaux, ni de faire mettre en liberté,* et d'après ce décret il y a huit prisons permanentes dans les châteaux de Saumur, Ham, If, Landskrown, Vieuxchâtel, Fénestrelles, Campiano, Vincennes.

En 1813, des accusés traduits à la cour d'assises d'Anvers sont acquittés; l'empereur, mécontent de cet acquittement, ordonne qu'ils soient écroués de nouveau, fait rendre par son Sénat obéissant un sénatus-consulte annulant la déclaration du jury et enjoignant à la Cour de cassation de renvoyer les accusés devant une autre cour d'assises, qui prononcera sur l'accusation sans jury. Cet acte parut inouï et fit alors grande émotion ; mais, on vient de le voir par plusieurs de ses lettres, ce n'est pas en 1815 que Napoléon avait pour la première fois mis à néant les décisions de la justice et la chose jugée.

Voici du reste son opinion sur les hommes chargés de la défense des droits des citoyens :

A M. CAMBACÉRÈS

Trèves, 15 vendémiaire au XIII (7 octobre 1804).

« Mon cousin, je reçois un projet de décret sur les avocats. Il n'y a rien qui donne au grand juge les moyens de les contenir. J'aime mieux ne rien faire que de m'ôter les moyens de prendre des mesures contre ce tas de bavards, artisans de révolutions, et qui ne sont inspirés presque tous que par le crime et la corruption. Tant que j'aurai l'épée au côté, je ne signerai jamais un décret aussi absurde. Je veux qu'on puisse couper la langue à un avocat qui s'en servirait contre le gouvernement.

« NAPOLÉON. »

Tome X, page 12.

V

EXPÉDITION DE SAINT-DOMINGUE — ESCLAVAGE

PROCLAMATION

Paris, 12 floréal an VIII (2 mai 1800)

« Habitants de Saint-Domingue, quelle que soit votre couleur vous êtes égaux et également chers au gouvernement.....

« Secondez les vues du gouvernement et bientôt Saint-Domingue, cultivé par des mains libres, ne présentera plus qu'un peuple de frères et redeviendra un objet d'orgueil pour la France et de jalousie pour le reste de l'univers.

« BONAPARTE. »

Tome VI, page 251.

AU CITOYEN FORFAIT

MINISTRE DE LA MARINE ET DES COLONIES

Genève, 20 floréal an VIII (10 mai 1800).

« . . . J'ai trouvé vos observations parfaitement justes sur le mémoire que je vous ai remis sur Saint-Domingue surtout en ce qui a rapport à la liberté que l'on voudrait donner aux noirs. Retranchez tout cela dans la copie que vous ferez faire...

« BONAPARTE. »

Tome VI, page 264.

EXPOSÉ DE LA SITUATION DE LA RÉPUBLIQUE

Paris, 1ᵉʳ frimaire an X (22 novembre 1801).

« ... A Saint-Domingue et à la Guadeloupe, il n'est plus d'esclaves, tout y est libre, tout y restera libre. La sagesse et le temps y ramèneront l'ordre et rétabliront la culture et les travaux.

« A la Martinique ce seront des principes différents. La Martinique a conservé l'esclavage et l'esclavage y sera conservé... »

Tome VII, p. 327.

AU CAPITAINE GÉNÉRAL LECLERC

COMMANDANT EN CHEF DE L'ARMÉE DE SAINT-DOMINGUE

Paris, 25 ventôse an X (16 mars 1802).

« ...La France entière a vu avec un vif plaisir les commencements des succès qui nous présagent le retour de Saint-Domingue à la métropole...

« Suivez exactement vos instructions, et dès l'instant que vous vous serez défait de Toussaint, Christophe, Dessalines et des principaux brigands, et que les masses de noirs seront désarmées, renvoyez sur le continent tous les noirs et hommes de couleur qui auraient joué un rôle dans les troubles civils...

« BONAPARTE. »

Page 415.

MESSAGE AU CORPS LÉGISLATIF

Paris, 16 floréal an X (6 mai 1802).

« Citoyens législateurs, le gouvernement vous adresse le traité qui met un terme aux dernières dissensions de l'Europe. (Traité de paix avec l'Angleterre.)

« A Saint-Domingue... Toussaint sans places, sans trésor, sans armée, n'est plus qu'un brigand, errant de morne en morne avec quelques brigands comme lui, que

nos intrépides éclaireurs poursuivent et qu'ils auront
bientôt atteints et détruits.

« BONAPARTE. »

Tome VII, page 154.

AU CONTRE-AMIRAL DECRÈS

MINISTRE DE LA MARINE ET DES COLONIES

Paris, 24 messidor an X (15 juillet 1802).

« ... La première de toutes (les mesures) paraîtrait
d'établir l'esclavage à la Guadeloupe comme il l'était
à la Martinique, en ayant soin de garder le plus grand
secret sur cette mesure et en laissant au général Riche-
panse le choix du moment pour la publier

« BONAPARTE. »

Page 319.

AU CONTRE-AMIRAL DECRÈS

M. DE LA M. ET DES COL.

Paris, 19 thermidor an X (7 août 1802).

« Les instructions pour Cayenne me paraissent
bonnes.... Mais les instructions secrètes doivent être
remises au net. Il est de principe qu'avec une espèce
d'hommes qui ont été d'une opinion différente de celle
qu'on leur prescrit, il ne faut jamais discuter; cela ne
fait que les aigrir, parce que cela renouvelle les discus-

sions qu'ils ont eues sur cet objet. Il faut dire en deux mots que Cayenne étant destiné à de grands résultats, un grand nombre de noirs doit y être envoyé et tout préparer au rétablissement de l'esclavage...

« BONAPARTE. »

Page 559.

AU CAPITAINE GÉNÉRAL ROCHAMBEAU

Paris, 15 pluviôse an XI (4 février 1805).

« ... Trois convois partis de Toulon, un parti de Gênes, un de Corse, un du Havre et deux qui vont partir de Dunkerque et de Rochefort vous portent 15,000 hommes...

« Six dépôts ont été formés pour recruter votre armée...

« BONAPARTE. »

Tome VIII, page 200.

Malgré ces renforts considérables, Saint-Domingue fut bientôt perdu pour la France. L'armée du général Leclerc avait d'abord vaincu la résistance des noirs ; Toussaint-Louverture et les principaux chefs, voyant leur infériorité, étaient entrés en négociations avec le commandant de l'armée française et s'étaient soumis, se croyant assurés de l'oubli du passé et de la conservation de la liberté des noirs ; mais lorsque le général Leclerc, exécutant les ordres du premier consul, fit enlever, le 10 mai 1802, Toussaint-Louverture qui vint mourir en France dans une prison d'État, lorsque les noirs virent que l'esclavage, malgré les proclamations et les promesses, était rétabli à la Guadeloupe, ils comprirent le sort qui les attendait, se soulevèrent en masse et attaquèrent avec furie l'armée française déjà décimée par les maladies. La guerre avec l'Angleterre qui recommença dans ce moment même acheva la perte de cette belle armée qui devait nous rendre Saint-Domingue. Quarante mille Français, l'élite de l'armée et de la marine, y périrent inutilement ; cinq mille furent obligés de se rendre prisonniers des Anglais, et la reine des Antilles fut à jamais perdue pour nous.

VI

IDÉES ÉCONOMIQUES DE NAPOLÉON

Napoléon croyait aux accapareurs, n'avait nulle confiance dans le commerce pour approvisionner les populations manquant de grains et rendait l'État marchand de blé dans les temps de disette.

AU CITOYEN FOUCHÉ

Paris, 25 thermidor an IX (13 août 1801).

« Je suis instruit qu'une femme, nommée Bassenet, parcourt les campagnes de la Brie et accapare les blés, et qu'elle a présenté des pièces qui paraissent prouver que c'est pour le compte du gouvernement qu'elle accapare. Veuillez envoyer à sa suite et j la faire arrêter.

« BONAPARTE. »

Tome VII, page 225.

AU CITOYEN FOUCHÉ

M. DE LA P. G.

Paris, 24 ventôse an X (15 mars 1802).

« Je suis instruit, citoyen ministre, que deux Anglais se sont présentés, le 15 ventôse, au marché de Poissy, pour y marchander des bœufs et des moutons, dans l'intention de connaître le cours et d'acheter des bestiaux dans les herbages pour les faire passer à l'étranger. Je vous prie de faire observer ces individus et de les faire arrêter s'il y a lieu[1].

« Je suis également instruit qu'un particulier d'Orléans a fait faire quantité de petits tonneaux pour mettre de la farine, et que ces tonneaux sont transportés à Meung, à quatre lieues d'Orléans, où l'on fait moudre beaucoup de grains. Il y a sur les ports d'Orléans quatre bateaux chargés de grains, appartenant au même particulier et dont la destination est inconnue. Je vous prie de vous en faire rendre compte et de m'informer du résultat de vos recherches.

« BONAPARTE. »

Page 112

---

[1] On était alors en paix avec l'Angleterre.

AU CITOYEN MELZI

VICE-PRÉSIDENT DE LA RÉPUBLIQUE ITALIENNE

Paris, 19 messidor an X (8 juillet 1802).

« Le projet de loi que m'a remis Marescalchi, sur la liberté du commerce des blés, est tout à fait inconséquent. Tout ce qui est relatif aux blés ne peut être du ressort de la législation. Nous avons en France une expérience de dix ans ; après avoir longtemps erré, il n'y a en France qu'une seule opinion ; c'est que le gouvernement peut seul ouvrir ou fermer les barrières à l'exportation des blés, selon les circonstances. Il est donc très-imprudent de rien soumettre sur cette matière aux législateurs. Il ne faut pas, sans doute, que le blé soit à trop bon marché ; mais de deux inconvénients, il vaut encore mieux tomber dans le bon marché que dans la cherté. Des mille questions qui divisent d'opinion et d'intérêt le prolétaire et le propriétaire, la valeur des blés est celle où ils sont le plus en opposition d'intérêts. C'est aussi celle et peut-être l'unique, sur laquelle le gouvernement doit toujours favoriser les prolétaires contre les propriétaires, sans quoi tyrannie de la part des propriétaires et révolte de la part du peuple. Quel est donc l'effet de la loi qu'on propose? C'est de plaire, sans doute, aux propriétaires, mais de porter à l'État le coup le plus dangereux, en ébranlant la confiance du peuple.

« Certainement les propriétaires ne peuvent pas se plaindre dans la république italienne. Ils ont vendu assez cher leur blé. Le peuple, toutes ces années-ci, a été assez malheureux. Il faut tenir la main à ce que le blé soit à très-bon marché. Il me semble, par tous les renseignements que j'ai, qu'il est beaucoup trop cher.

« BONAPARTE. »

Tome VII, page 516.

AU CONSUL CAMBACÉRÈS

Rouen, 9 brumaire an XI (31 octobre 1802).

« ...Tous les agents qui se disent chargés de commissions par les munitionnaires de la guerre et de la marine doivent être arrêtés, parce qu'il leur a été fourni une assez grande quantité de grains, ainsi ces agents sont des accapareurs et des hommes qui cherchent à attiser la malveillance du peuple contre le gouvernement...

« Je vous envoie un rapport du Morbihan. Je vous prie de faire venir le citoyen Vanlerberghe (munitionnaire), et de lui demander pourquoi il fait acheter dans ces malheureux départements, où la récolte a été mauvaise, pendant que nous avons tant de blés sur les côtes et à un prix modique. Je vous prie de lui dire que je ne prétends pas qu'il achète dans ces départements, qu'il lui a été fourni assez de blé.

« BONAPARTE. »

Tome VIII, page 85.

A M. CAMBACÉRÈS

Osterode, 11 mars 1807.

« ...Si vous êtes fondé à penser que la récolte est mauvaise, il faut interdire toute sortie de grains. Dites à M. de Champagny que j'ai fait des fonds pour un double approvisionnement et que je suis fondé à penser que ce double approvisionnement existe.

« NAPOLÉON. »

Tome XIV, page 117.

A M. CAMBACÉRÈS

Finkenstein, 4 avril 1807.

« Mon cousin, je reçois votre lettre du 24 mars. Portez, je vous prie, une grande attention au double approvisionnement de blé que j'ai ordonné avant de partir. L'expérience n'apprendra-t-elle donc rien et

5.

faudrait-il attendre que l'on soit dans le besoin? C'est l'objet auquel M. Champagny doit porter toute son attention. Les *mais* et les *si* ne sont pas de saison, et il faut avant tout qu'il réussisse.

« NAPOLÉON. »

Tome XV, page 18.

D'après ces idées de Napoléon on ne doit pas être surpris des décrets suivants :

DÉCRET DU 4 MAI 1812

« ART. 1er. — La libre circulation des grains et farines sera protégée dans tous les départements de notre empire. Mandons à toutes les autorités civiles et militaires d'y tenir la main et à tous les officiers de police et de justice de réprimer toutes oppositions, de les constater et d'en poursuivre ou faire poursuivre les auteurs devant nos cours et tribunaux.

« ART. 2. — Tout individu, commerçant, commissionnaire ou autre, qui fera des achats de grains et farines au marché, pour en approvisionner les départements qui auraient des besoins, sera tenu de le faire publiquement et après en avoir fait la déclaration au préfet ou au sous-préfet.

« Art. 3. — Il est défendu à tous nos sujets, de quelque qualité et condition qu'ils soient, de faire un achat ou approvisionnement de grains ou farines, pour les garder, les emmagasiner et en faire un objet de spéculation.

« Art. 4. — En conséquence, tous individus, ayant emmagasiné des grains et farines, seront tenus : de déclarer aux préfets ou sous-préfets les quantités par eux possédées ; de conduire dans les halles et marchés qui leur seront indiqués par lesdits préfets ou sous-préfets, les quantités nécessaires pour les tenir suffisamment approvisionnés.

« Art. 5. — Tout fermier, cultivateur ou propriétaire ayant des grains, sera tenu de faire les mêmes déclarations et de se soumettre également à assurer l'approvisionnement des marchés lorsqu'il en sera requis.

« NAPOLÉON. »

DÉCRET DU 8 MAI 1812

« Article 1er. — Les blés dans les marchés des départements de Seine, Seine-et-Oise, Seine-et-Marne, Aisne, Oise, Eure-et-Loire ne pourront être vendus à un prix excédant trente-trois francs l'hectolitre.

« ART. 2. — Dans les départements où les blés récoltés et existants suffisent aux besoins, les préfets tiendront la main à ce qu'ils ne puissent être vendus au-dessus de trente-trois francs.

« ART. 3. — Dans les départements qui s'approvisionnent hors de leur territoire, les préfets feront la fixation du prix des blés conformément aux instructions du ministre du commerce, et en prenant en considération les prix de transport et les légitimes bénéfices du commerce.

« ART. 4. — Cette fixation sera faite et publiée par les préfets, conformément aux articles 2 et 3, dans les trois jours de la réception du présent décret, elle sera obligatoire jusqu'à la récolte seulement.

« ART. 5. — Les dispositions des articles précédents ne seront pas applicables aux départements où le prix du blé ne sera pas au-dessus de trente-trois francs l'hectolitre.

« NAPOLÉON. »

VII

LE DUC D'ENGHIEN. — LES BOURBONS

AU GÉNÉRAL BERTHIER

Paris, 19 ventôse an XII (10 mars 1804).

« Vous voudrez bien, citoyen ministre, donner ordre au général Ordener, que je mets à votre disposition, de se rendre dans la nuit en poste à Strasbourg. Il voyagera sous un autre nom que le sien et verra le général de la division.

« Le but de sa mission est de se porter sur Ettenheim, de cerner la ville, d'y enlever le duc d'Enghien, Dumouriez, un colonel anglais et tout autre individu qui serait à leur suite.

« Vous donnerez l'ordre que le même jour et à la

même heure deux cents hommes du 26e dragons, sous les ordres du général Caulaincourt, auquel vous donnerez des ordres en conséquence, se rendent à Offenburg pour y cerner la ville et arrêter la baronne de Reich et autres agents du gouvernement anglais.

« D'Offenburg le général Caulaincourt dirigera des patrouilles sur Ettenheim jusqu'à ce qu'il ait appris que le général Ordener ait réussi...

« BONAPARTE. »

Tome IX, page 279.

AU CITOYEN RÉAL

CHARGÉ DE 1er ARRONDISSEMENT DE LA POLICE GÉNÉRALE

La Malmaison, 24 ventôse an XII (15 mars 1804).

« ...Écrivez au général Caulaincourt que j'ai reçu sa lettre ; que, si l'on capturait soit le duc d'Enghien, soit Dumouriez, il les expédie, dans deux voitures différentes, sous bonne et sûre garde et les dirige sur Paris.

« BONAPARTE. »

Page 291.

AU GÉNÉRAL MURAT

GOUVERNEUR DE PARIS

La Malmaison, 28 ventôse an XII (19 mars 1804).

« Citoyen général Murat, j'ai reçu votre lettre. Si le duc de Berry était à Paris logé chez M. de Cobenzel et M. le duc d'Orléans logé chez le marquis de Gallo, non-seulement je les ferais arrêter cette nuit et fusiller, mais je ferais aussi arrêter les ambassadeurs et leur ferais subir le même sort, et le droit des gens ne serait en rien compromis. Mais comme il est de toute impossibilité que ces ministres, sous peine de risquer leur tête, se fussent portés à une démarche aussi insensée et comme, bien loin d'autoriser cette conduite, le cabinet de Vienne ne veut autoriser le séjour d'aucun prince français à Vienne, je ne veux faire aucune perquisition chez eux. Vous ferez bien de faire arrêter celui qui vous a donné cet avis, qui ne peut être qu'un misérable, tout le monde sait, hormis les badauds, que les maisons des ambassadeurs ne sont point des asiles pour les crimes d'État...

« Il n'y a pas d'autres princes à Paris que le duc d'Enghien qui arrivera demain à Vincennes. Soyez certain de cela et ne souffrez pas qu'on vous dise le contraire.

« BONAPARTE. »

Page 298.

ARRÊTÉ

Paris, 29 ventôse an XII (20 mars 1804).

« ART. 1er. — Le ci-devant duc d'Enghien, prévenu d'avoir porté les armes contre la République, d'avoir été et d'être encore à la solde de l'Angleterre, de faire partie des complots tramés par cette dernière puissance contre la sûreté intérieure et extérieure de la République, sera traduit à une commission militaire composée de sept membres nommés par le général gouverneur de Paris et qui se réunira à Vincennes...

« ART. 2. — Le grand juge, le ministre de la guerre et le général gouverneur de Paris sont chargés de l'exécution du présent arrêté.

« BONAPARTE. »

Tome IX, page 501.

AU GÉNÉRAL MURAT

GOUVERNEUR DE PARIS

La Malmaison, 29 ventôse an XII (20 mars 1804),
4 heures du soir.

« Général, d'après les ordres du premier consul, le duc d'Enghien doit être conduit au château de Vincennes, où les dispositions sont faites pour le recevoir.

Il arrivera probablement cette nuit à destination. Je vous prie de faire les dispositions qu'exige la sûreté de ce détenu, tant à Vincennes que sur la route de Meaux, par laquelle il vient. Le premier consul a ordonné que le nom de ce détenu et tout ce qui lui serait relatif fût tenu très-secret. En conséquence, l'officier chargé de sa garde ne doit le faire connaître à qui que ce soit, il voyage sous le nom de Plessis; je vous invite à donner, de votre côté, les instructions nécessaires pour que les intentions du premier consul soient remplies. »

(Par ordre du premier consul.)

Page 501.

AU CITOYEN HAREL

COMMANDANT DU CHATEAU DE VINCENNES

La Malmaison, 29 ventôse an XII (20 mars 1804),
4 heures et demie du soir.

« Un individu dont le nom ne doit pas être connu, citoyen commandant, doit être conduit dans le château dont le commandement vous est confié; vous le placerez dans l'endroit qui est vacant, en prenant les précautions convenables pour sa sûreté. L'intention du gouvernement est que tout ce qui lui sera relatif soit tenu très-secret et qu'il ne lui soit fait aucune question sur ce qu'il est et sur les motifs de sa déten-

6

tion. Vous-même devez ignorer qui il est. Vous seul devez communiquer avec lui et vous ne le laisserez voir à qui que ce soit jusqu'à nouvel ordre de ma part. Il est probable qu'il arrivera cette nuit. Le premier consul compte, citoyen commandant, sur votre discrétion et votre exactitude à remplir ces différentes dispositions. »

(Par ordre du premier consul.)

Tome IX, page 501.

AU CITOYEN REAL

CONSEILLER D'ÉTAT

La Malmaison, 29 ventôse an XII (20 mars 1804).

« Je vous envoie la lettre de Caulaincourt. Il paraît que le duc d'Enghien est parti le 26 à minuit. Ainsi il ne peut tarder à arriver. Je viens de prendre l'arrêté dont vous trouverez ci-joint copie. Rendez-vous sur-le-champ à Vincennes pour faire interroger le prisonnier.

« Voici l'interrogation que vous ferez :

« 1° Avez-vous porté les armes contre votre patrie?

« 2° Avez-vous été à la solde de l'Angleterre?

« 3° Avez-vous voulu offrir vos services à l'Angleterre pour combattre contre l'armée qui marchait sous les ordres du général Mortier pour conquérir le Hanovre?

« 4° N'avez-vous pas eu des correspondances avec les Anglais, et ne vous êtes-vous pas mis à leur disposition, depuis la présente guerre, pour toutes les expéditions qu'on voudrait faire contre la France, à l'extérieur ou à l'intérieur, et n'avez-vous pas oublié tous les sentiments de la nature jusqu'à appeler le peuple français votre plus cruel ennemi?

« 5° N'avez-vous pas proposé de lever une légion et de faire déserter les troupes de la République, en disant que votre séjour pendant deux ans près des frontières vous avait mis à même d'avoir des intelligences parmi les troupes qui sont sur le Rhin?

« 6° Est-il à votre connaissance que les Anglais ont repris à leur solde et donneront encore des traitements aux émigrés cantonnés à Fribourg, à Offenbach, à Offenburg et sur la rive droite du Rhin?

« 7° N'aviez-vous pas des correspondances avec les individus composant ces rassemblements, et n'êtes-vous pas à leur tête?

« 8° Quelles sont les correspondances que vous avez en Alsace? Quelles sont celles que vous avez à Paris? Quelles sont celles que vous avez à Bréda et dans l'armée de Hollande?

« 9° Avez-vous connaissance du complot tramé par l'Angleterre et tendant au renversement du gouvernement de la République, et, le complot ayant réussi, ne deviez-vous pas entrer en Alsace et même vous porter à Paris suivant les circonstances?

« 10° Connaissez-vous un nommé Vaudrecourt qui a été commissaire des guerres et a fait la guerre contre la République?

« 11° Connaissez-vous un nommé la Rochefoucauld, tous deux arrêtés par suite d'une conspiration contre l'État?

« Il sera nécessaire que vous conduisiez l'accusateur public, qui doit être le major de la gendarmerie d'élite, et que vous l'instruisiez de la suite rapide à donner à la procédure.

« BONAPARTE. »

Tome IX, page 502.

Dans la nuit même, le duc d'Enghien fut fusillé et enterré dans les fossés de Vincennes.

AU MARÉCHAL BRUNE

Pont-de-Briques, 8 thermidor an XII (27 juillet 1804).

« Général Brune, mon ambassadeur à Constantinople, je vous expédie le présent courrier pour vous donner des instructions sur la conduite à tenir par rapport au cabinet russe... J'ai rappelé Hédouville après l'incartade de la cour de Saint-Pétersbourg qui

a eu l'ineptie de porter le deuil du duc d'Enghien sans
tenir à lui par aucun lien de parenté.

« Napoléon. »

Page 452.

A M. TALLEYRAND

Dunkerque, 22 thermidor an XII (10 août 1804).

« M. Talleyrand, ministre des relations extérieures,
je vous envoie le portefeuille.

« Je ne pense pas qu'il soit utile de tarder plus
longtemps de répondre à la Russie... Voici comment
je pense qu'il faudrait répondre à M. d'Oubril... :

« Le soussigné, ministre des relations extérieures,
« Lorsqu'on a porté à Saint-Pétersbourg le deuil
« d'un homme condamné à mort pour avoir conspiré
« contre la France, Sa Majesté ne s'est pas plainte, on
« a poussé l'inconvenance jusqu'à le faire porter en
« Espagne, à Vienne, même en Hollande...

« Napoléon. »

Page 460.

6.

A M. TALLEYRAND

Calais, 18 thermidor an XII (6 août 1804).

« ...J'ai vu avec peine, par la correspondance de
MM. Champagny et Laforest, que vous aviez écrit à
Berlin et à Vienne pour qu'on renvoyât la lettre du
comte de Lille [1]. C'est y donner trop d'importance
et c'est une démarche mauvaise que je ne saurais
approuver. L'oubli, le mépris, l'insouciance est le
meilleur parti à prendre dans les affaires de cette
nature.

« NAPOLÉON. »

Tome IX, page 452.

A M. FOUCHÉ

Pont-de-Briques, 5 fructidor an XII (25 août 1804).

« Monsieur Fouché, ministre de la police, d'après le
rapport que vous me remettez sur l'affaire de Nevers

[1] Le comte de Lille (Louis XVIII) avait renvoyé au roi d'Espagne
Charles IV, l'ordre de la Toison-d'Or dont venait d'être décoré Napoléon, en lui disant : « Monsieur et cher cousin,... il ne peut y avoir
rien de commun entre moi et le grand criminel que l'audace et la fortune ont placé sur un trône qu'il a eu la barbarie de souiller du sang
pur d'un Bourbon, le duc d'Enghien. La religion peut m'engager à par-
donner à un assassin, mais le tyran de mon peuple doit toujours être
mon ennemi... »

elle ne ressemble en rien à celle de votre dernier bulletin, c'est une affaire de rien.

« Quant au préfet de la Nièvre il paraît que c'est un
homme léger. Il s'imagine faire une très-belle chose
en traitant une grande partie des habitants de son
département du nom de bourbonniens; ces termes ne
valent rien, c'est faire un très-grand honneur aux
Bourbons... Ne permettez pas qu'on se serve du nom
de bourbonniens. Il ne faudrait que quelques hommes
légers, comme le préfet de la Nièvre, pour recréer à
ces misérables Bourbons une immense existence en
Europe.

« NAPOLÉON. »

Page 481.

A M. TALLEYRAND

Mayence, 10 vendémiaire an XIII 2 octobre 1804.

« ...Monsieur le comte de Lille abuse de l'hospitalité
que lui accorde le roi de Prusse pour fabriquer toutes
sortes d'intrigues et profite de son voisinage de la
France pour seconder toute l'animosité des Anglais
contre la France. J'attends de l'amitié du roi de Prusse
que le comte de Lille ne soit pas souffert à Varsovie.
Il n'est point vrai qu'il y soit surveillé, il y fait ce qu'il
veut : on l'y laisse suivre ses correspondances et il y a

même plusieurs fois insulté le roi de Prusse dans des déclarations publiques. Parlez dans ce sens à MM. de Lucchesini et Laforest et insistez pour qu'il ne soit point souffert à Varsovie. Je préfère qu'il aille en Russie ou en Suède. »

Tome X, page 4.

AU ROI DE PRUSSE

Milan, 19 floréal an XIII (9 mai 1805).

« ...Monsieur mon frère, je veux la paix, mais je ne puis souscrire à ce que mon peuple soit déshérité du commerce du monde. Je n'ai point d'ambition, j'ai deux fois évacué le tiers de l'Europe sans y être contraint. Je ne dois à la Russie, sur les affaires d'Italie, que les comptes qu'elle me doit sur les affaires de la Turquie et de la Perse. Toute paix avec l'Angleterre, pour être sûre, doit porter la clause de cesser de donner asile aux Bourbons et aux émigrés et de contenir les injures de leurs écrivains. Ces injures sont misérables, je le sais ; mais cependant si on les tolère en silence elles donnent un privilége exclusif à une nation qui se fait un privilége de tout...

« NAPOLÉON. »

Page 591.

A M. FOUCHÉ

Saint-Cloud, 30 août 1806.

« Il est assez ridicule que le *Journal de l'Empire* nous parle sans cesse de Henri IV et des Bourbons. Faites donc comprendre à M. Fiévée qu'il est impossible que je ne voie pas qu'on veut donner une fausse direction à l'opinion. Défendez que, ni dans les annonces de livres, ni dans aucun article de journal, on cherche à occuper le public de choses auxquelles il ne pense plus.

« NAPOLÉON. »

Tome XIII, page 116.

VIII

LIBERTÉ DE LA PRESSE — LITTÉRATURE

AU CITOYEN FOUCHÉ

MINISTRE DE LA POLICE GÉNÉRALE

Paris, 15 germinal an VIII (5 avril 1800).

« L'intention des consuls de la république, citoyen ministre, est que le journal *le Bien-Informé*, celui des *Hommes Libres* et celui des *Défenseurs de la Patrie*, ne paraissent plus, à moins que les propriétaires ne présentent des rédacteurs d'une moralité et d'un patriotisme à l'abri de toute corruption...

« Bonaparte. »

Tome VI, page 211.

AU CITOYEN FOUCHÉ

MINISTRE DE LA POLICE GÉNÉRALE

Paris, 18 thermidor an IX (6 août 1801).

« Le premier consul désire, citoyen ministre, que vous fassiez connaître aux journalistes tant politiques que littéraires, qu'ils doivent s'abstenir de parler de tout ce qui peut concerner la religion, ses ministres et ses cultes divers. »

(Par ordre du premier consul.)

Tome VII, page 215.

AU CITOYEN REGNIER

GRAND-JUGE ET MINISTRE DE LA JUSTICE

Paris, 14 prairial an XI (5 juin 1803).

« Le premier consul me charge de vous rappeler les intentions qu'il vous a fait connaître relativement au rédacteur du *Citoyen français*.

« Le premier consul a désiré qu'en faisant une réprimande sévère au propriétaire du papier intitulé *le Comice français*, vous lui renouveliez l'injonction de changer le rédacteur de sa feuille, et l'observation qu'il s'expose à le voir supprimer.

(Par ordre du premier consul.)

Tome VIII, page 554.

DÉCISION

APRÈS UN RAPPORT DE LA POLICE SUR UNE BROCHURE
OU LA RÉVOLUTION FRANÇAISE EST TRAITÉE PAR LE CITOYEN DE SALES
AVEC LES PLUS NOIRES COULEURS.

Paris, 5 messidor an XI (24 juin 1803).

« Je prie le consul Cambacérès de prendre connaissance de cette brochure et de savoir pourquoi on n'a
pas empêché cet insensé d'écrire et s'il n'y a pas
moyen d'empêcher cette publication, savoir si l'on ne
pourrait pas exclure de l'Institut un homme qui écrit
contre l'État.

« BONAPARTE. »

Tome VIII, page 374.

AU CITOYEN REGNIER

G. J. ET M. DE LA J.

Amiens, 8 messidor an XI (27 juin 1803).

« Je vous prie de montrer aux consuls Cambacérès et
Lebrun, la brochure de ce fou de l'Institut, Delisle de
Sales, et de voir s'il n'y aurait pas moyen d'empêcher
ce corps d'être déshonoré par une conduite aussi folle
que coupable. La seule punition à infliger à l'auteur
serait de le faire chasser de l'Institut.

« BONAPARTE. »

Page 376.

AU CITOYEN REGNIER

G. J.

Lille, 18 messidor an XI (7 juillet 1803).

« Comme il paraît qu'il existe un système de corrompre l'opinion par la presse… je pense qu'il est convenable que le préfet de police écrive une circulaire à chaque libraire, pour leur défendre de mettre en vente aucun ouvrage, que sept jours après vous en avoir remis un exemplaire : afin que dès qu'il y a un mauvais ouvrage tel que le livre du citoyen de Sales, la *Correspondance de Louis XVI*, et le poëme de *la Pitié*, on puisse l'arrêter.

« BONAPARTE. »

Tome VIII, page 588.

A M. FOUCHÉ

Lyon, 25 germinal an XIII (15 avril 1805).

« Les journaux parlent longuement de rumeurs existant dans leurs imaginations ou dans les instructions du cabinet anglais. Prenez des mesures pour qu'on ne parle plus dans aucun journal de… (lacune dans la minute). Esménard montre ce qu'il ferait s'il pouvait se

7

livrer à son essor malveillant, veillez-le, supprimez-le
à la moindre faute...

« NAPOLÉON. »

Tome X, page 525.

A M. FOUCHÉ

Stupinigi, 2 floréal an XIII (22 avril 1805).

« Réprimez un peu les journaux, faites-y mettre de
bons articles, faites comprendre aux rédacteurs des
Débats et du *Publiciste*, que le temps n'est pas éloigné
où, m'apercevant qu'ils ne me sont pas utiles, je les
supprimerai avec tous les autres, et n'en conserverai
qu'un seul ; que puisqu'ils ne me servent qu'à copier
les bulletins que les agents anglais font circuler sur le
continent, qu'à faire marcher sur la foi des bulletins
les troupes de l'empereur de Russie en Pologne, à con-
tremander le voyage de l'empereur d'Autriche en
Italie ; à l'envoyer en Courlande pour avoir une entrevue avec l'empereur de Russie, puisqu'ils ne me servent qu'à cela, j'y mettrai bon ordre. Mon intention est
donc que vous fassiez appeler les rédacteurs du journal
des *Débats*, du *Publiciste*, de la *Gazette de France* qui
sont, je crois, les journaux qui ont le plus de vogue,
pour leur déclarer que s'ils continuent à n'être que les
truchements des journaux et des bulletins anglais, et à

alarmer sans cesse l'opinion, en répétant bêtement les bulletins de Francfort et d'Augsbourg sans discernement et sans jugement, leur durée ne sera pas longue, que le temps de la révolution est fini et qu'il n'y a plus en France qu'un parti ; que je ne souffrirai jamais que les journaux disent ni fassent rien contre mes intérêts ; qu'ils pourront faire quelques petits articles où ils pourront mettre un peu de venin, mais qu'un beau matin on leur fermera la bouche.

« NAPOLÉON. »

Page 555.

A M. FOUCHÉ

Stupinigi, 4 floréal an XIII (24 avril 1805).

« Toutes les nouvelles de mer sont bonnes. Faites imprimer quelques articles habilement faits, pour démentir la marche des Russes, l'entrevue de l'empereur de Russie avec l'empereur d'Autriche, et ces ridicules bruits nés de la brume et du spleen anglais. Remuez-vous donc un peu plus pour l'opinion. Dites aux rédacteurs que quoique éloigné je lis les journaux, que s'ils continuent sur ce ton je solderai leur compte ; qu'en l'an VIII je les ai réduits à quatorze. Je pense que ces avertissements successifs, aux principaux rédacteurs, vaudront mieux que toutes les réfutations. Dites-leur que je ne les jugerai point sur le mal qu'ils auront dit, mais sur le peu de bien qu'ils n'auront pas dit. Quand ils représenteront la France vacillante, sur le point d'être attaquée, j'en jugerai qu'ils ne sont pas français ni dignes d'écrire sous mon règne. Ils auront beau dire qu'ils ne donnent que leurs bulletins, on leur a dit quels ils étaient ces bulletins, et puisqu'ils doivent dire de fausses nouvelles, que ne les disent-ils à l'avantage du crédit et de la tranquillité publique? Oiseaux de mauvais augure, pourquoi ne présagent-ils que des orages éloignés? Je les réduirai de quatorze à sept et conserverai non ceux qui me loueront, je n'ai pas besoin de leurs éloges, mais ceux qui auront la touche mâle et le cœur français, qui montreront un véritable attachement pour moi et mon peuple...

« NAPOLÉON. »

Tome X, page 544.

A M. FOUCHÉ

Stupinigi, 8 floréal an XIII (28 avril 1805).

« M. Fouché, la réforme des journaux aura bientôt lieu, car il est par trop bête d'avoir des journaux qui n'ont que l'inconvénient de la liberté de la presse sans en avoir les avantages... Dites aux rédacteurs que vous ne leur ferez aucune observation sur de petits articles :

qu'il n'est plus question aujourd'hui de n'être pas mauvais, mais tout à fait bons... En répétant cela aux différents journalistes et leur disant qu'ils ont encore trois ou quatre mois pour faire leurs preuves, ce sera à eux à faire leur profit de ces avertissements.

« NAPOLÉON. »

Page 556.

A M. FOUCHÉ

Milan, 30 floréal an XIII (20 mai 1805)

« M. Fouché, mon intention est que désormais le *Journal des Débats* ne paraisse pas qu'il n'ait été soumis la veille à une censure. Vous nommerez un censeur qui soit un homme sur, attaché et ayant du tact, auquel les propriétaires du journal donneront 12,000 francs d'appointements. C'est à cette seule condition que je permettrai que ce journal continue de paraître... Faites connaître cette mesure aux journaux, et prévenez-les que s'ils s'avisent de débiter des nouvelles par trop bêtes et dans de mauvaises intentions, j'en ferai autant de leurs feuilles.

« NAPOLÉON. »

Page 129.

7.

A M. FOUCHÉ

Milan, 12 prairial an XIII (1er juin 1805).

« Je voudrais que les rédacteurs des journaux conservés fussent des hommes attachés, qui eussent assez de bon sens pour ne point mettre de nouvelles contraires à la nation. Il faudrait que l'esprit de ces journaux fût dirigé dans ce sens, d'attaquer l'Angleterre dans ses modes, ses usages, sa littérature, sa constitution.

« NAPOLÉON. »

Tome X, page 166.

AU PRINCE EUGÈNE

Brescia, 12 juin 1805.

« Mon cousin,... la censure détruit les journaux ; il faut déclarer que le gouvernement ne peut répondre des sottises qu'ils peuvent dire, mais que les journalistes en répondront personnellement. Je ne me dissimule pas que cette mesure a quelque inconvénient, mais il y a aussi dans le vague de la liberté de la presse quelque chose dont il est bon de profiter ; et quoique mon intention ne soit point de laisser aux journaux la liberté que les constitutions anglaises laissent aux journaux anglais, je ne veux point qu'on la règle comme on le fait à Vienne et à Venise. Il faut qu'ils puissent mettre quelque article vague contre telle ou telle puissance, et qu'on puisse répondre aux ambassadeurs : faites une plainte, on les poursuivra devant les tribunaux, ou l'on s'en fera rendre compte...

« NAPOLÉON. »

Page 512.

A M. FOUCHE

Bologne, 4 messidor an XIII (25 juin 1805).

« Je vous prie de me faire connaître ce que c'est qu'une pièce de *Don Juan* qu'on veut donner à l'Opéra et sur laquelle on m'a demandé l'autorisation de la dépense. Je désire connaître votre opinion sur cette pièce sous le rapport de l'esprit public.

« NAPOLÉON. »

Page 557.

A M. FOUCHE

Camp de Boulogne, 19 thermidor an XIII (7 août 1805).

« Voici l'arrangement que j'approuve pour le *Journal de l'Empire*, ci-devant *Journal des Débats*. Faites appeler les propriétaires et donnez-leur à connaître que je m'arrête à ces bases. Lorsque cet arrangement sera fait, vous en ferez un semblable avec le *Publiciste* et la *Gazette de France*. Vous généraliserez, à l'égard de tous les autres journaux, la retenue de deux douzièmes ou trois douzièmes, selon l'importance des profits, pour être appliquée à des pensions qui seront accordées aux gens de lettres.

« NAPOLÉON. »

Tome XI, page 60.

A M. FOUCHÉ

Quartier impérial, Ludwigsburg, 12 vendémiaire an XIV
(4 octobre 1805).

« Monsieur Fouché, il me semble que les journaux n'animent pas assez l'esprit public. Nos journaux sont lus partout, surtout en Hongrie. Faites faire des articles qui fassent connaître aux Allemands et aux Hongrois combien ils sont dupes des intrigues anglaises; que l'empereur d'Allemagne vend le sang de ses peuples pour de l'or...

« NAPOLÉON. »

Page 287.

A M. FOUCHÉ

Munich, 15 janvier 1806.

« Je lis dans le *Journal de l'Empire* du 9 janvier qu'au bas d'une comédie de Collin d'Harleville on a mis : « Vu et permis l'impression et la mise en vente d'après

« décision de Son Excellence le sénateur ministre de la
« police générale, en date du 9 de ce mois (prairial
« an XII).

« Par ordre de S. Ex. le chef de division de la liberté
« de la presse. P. Lagarde. »

« J'ai lieu d'être étonné de ces nouvelles formes que
la loi seule pouvait autoriser. S'il était convenable
d'établir une censure, elle ne pouvait l'être sans ma
permission. Lorsque ma volonté est que la censure
n'existe pas, j'ai lieu d'être surpris de voir, dans mon
empire, des formes qui peuvent être bonnes à Vienne
et à Berlin. S'il existe sur cela un usage que je ne
connais point, faites-m'en un rapport. J'ai longtemps
calculé et veillé pour parvenir à rétablir l'édifice social :
aujourd'hui je suis obligé de veiller pour maintenir la
liberté publique. Je n'entends pas que les Français
deviennent des serfs. En France tout ce qui n'est pas
défendu est permis et rien ne peut être défendu que par
les lois, par les tribunaux ou par des mesures de haute
police lorsqu'il s'agit des mœurs et de l'ordre public.
Je le dis encore une fois, je ne veux point de censure
parce que tout libraire répond de l'ouvrage qu'il débite,
parce que je ne veux pas être responsable des sottises
que l'on peut imprimer, parce que je ne veux pas enfin
qu'un commis tyrannise le génie.

« Napoléon. »

Page 358.

A M. CAMBACÉRÈS

Strasbourg, 24 janvier 1806.

« Mon cousin, je vous envoie un bulletin de M. Lebrun [1]. Dites-moi en confidence s'il a perdu la tête, je commence à le croire. Bon Dieu! que les hommes de lettres sont bêtes! Tel qui est propre à traduire un poëme n'est pas propre à commander quinze hommes. Rien ne m'étonne depuis que je suis né, comme la conduite de M. Lebrun depuis qu'il est à Gênes [2].

« NAPOLÉON. »

Tome XI, page 354.

A M. FOUCHÉ

Strasbourg, 24 janvier 1806.

« Veillez à ce qu'on ne mette point dans les journaux le ridicule bulletin de M. Lebrun sur les affaires de Parme, tant pour l'honneur d'un grand dignitaire que pour l'inconvénient d'un pareil bulletin. Bon Dieu! que les hommes de lettres sont bêtes! Ce n'est que

[1] Ancien consul.
Il était gouverneur général à Gênes.

d'aujourd'hui que je suis convaincu de l'incapacité d'un homme qui a d'ailleurs de si beaux talents et une si belle plume.

« NAPOLÉON. »

Page 555.

A M. FOUCHE

Paris, 7 février 1806.

« M. Portalis m'a fait connaître l'existence de plusieurs journaux ecclésiastiques et les inconvénients qui peuvent résulter de l'esprit dans lequel ils sont rédigés et surtout de la diversité des opinions en matière religieuse. Mon intention est, en conséquence, que les journaux ecclésiastiques cessent de paraître et qu'ils soient réunis en un seul journal qui se chargera de tous les abonnés. Ce journal devant servir spécialement à l'instruction des ecclésiastiques, s'appellera *Journal des Curés*. Les rédacteurs en seront nommés par le cardinal archevêque de Paris.

« NAPOLÉON. »

Tome XII, page 17.

A M. CAMBACÉRÈS

Paris, 24 février 1806.

« Je suis instruit qu'il s'imprime un ouvrage intitule *Mémoires de Louis XIV*, écrits par lui-même, chez un libraire nommé Garnery, rue de Seine, notes de la Rochefoucauld. Envoyez chercher ce libraire et dites-lui qu'il ne l'imprime pas sans que vous l'ayez lu. Un ouvrage de cette nature ne peut s'imprimer sans que la police en soit instruite. Lisez effectivement cet ouvrage et dites-moi ce que vous en pensez.

« NAPOLÉON. »

Tome XII, page 95.

A M. LAVALLETTE

Paris, 6 mars 1806.

« Faites connaître à Fiévée que je suis très-mécontent de la manière dont il rédige son journal. Mon intention est qu'il ne parle des Russes que pour les humilier, atténuer leurs forces, prouver combien leur fatras de réputation militaire et les éloges de leurs armées sont peu fondés.

« NAPOLÉON. »

Page 136.

A M. TALLEYRAND

Paris, 6 mars 1806.

Monsieur Talleyrand, mon intention est que les ar-

ticles politiques du *Moniteur* soient faits par les relations extérieures, et que quand j'aurai vu pendant un
mois comment ils seront faits, je défendrai aux autres
journaux de parler politique autrement qu'en copiant
les articles du *Moniteur*.

« NAPOLÉON. »

Page 157

NOTE POUR LE MINISTRE DE L'INTÉRIEUR

Paris, 26 mars 1806.

« Le ministre est invité à faire connaître aux cham-
bres de commerce qu'elles ne doivent rien imprimer,
soit en leur nom collectif, soit au nom d'une commission formée dans leur sein, soit comme rapport fait
à la Chambre par un de ses membres, sans une autorisation préalable du ministre de l'intérieur...

« NAPOLÉON. »

Page 218

AU PRINCE EUGÈNE

Saint-Cloud, 21 juin 1806.

« Mon fils, il faut imprimer peu. On a imprimé le décret sur la réunion de Guastalla; je ne l'avais pas publié parce que je ne l'avais pas jugé nécessaire. On a

8

imprimé de même inutilement la proclamation du général Lauriston. En général, le moins que vous ferez
imprimer sera le mieu.

« NAPOLÉON. »

Tome XII, page 178.

M. LEMONTEY

Berlin, 12 novembre 1806.

« L'empereur désire, monsieur, que les éléments
de l'histoire de France, par M. l'abbé Millot, soient
continués jusqu'à nos jours. Je lui ai proposé de vous
charger de cet ouvrage et Sa Majesté consent à vous
donner cette marque honorable de sa confiance. Je
vous invite à la justifier promptement en consacrant
tout votre zèle et tous vos talents à cet important
travail.

(Le ministre de la police, par ordre de
l'empereur.)

Tome XIII, page 521.

Cette manière de traiter la presse, les livres et la
littérature ne produisait pas de chefs-d'œuvre, Napoléon en était surpris et mécontent.

A M. CAMBACÉRÈS

Berlin, 21 novembre 1806.

« Si l'armée tâche d'honorer la nation autant qu'elle le peut, il faut avouer que les gens de lettres font tout pour la déshonorer. J'ai lu hier les mauvais vers qui ont été chantés à l'Opéra. En vérité, c'est tout à fait une dérision. Comment souffrez-vous qu'on chante des impromptus à l'Opéra? Cela n'est bon qu'au Vaudeville. On se plaint que nous n'avons pas de littérature, c'est la faute du ministre de l'intérieur. Il est ridicule de commander une églogue à un poëte comme on commande une robe de mousseline. Le ministre aurait dû s'occuper de faire préparer des chants pour le 2 décembre.

« NAPOLÉON. »

Page 560.

A M. DE CHAMPAGNY

Berlin, 21 novembre 1806.

Monsieur Champagny, j'ai lu de mauvais vers chantés à l'Opéra. Prend-on à tâche, en France, de dégrader les lettres, et depuis quand fait-on à l'Opéra ce qu'on fait au Vaudeville, c'est-à-dire des impromptus?

S'il fallait deux ou trois mois pour composer ces chants, il fallait les employer... La littérature étant dans votre département, je pense qu'il faudrait vous en occuper, car en vérité, ce qui a été chanté à l'Opéra est par trop déshonorant.

« NAPOLÉON. »

Tome XIII, page 561.

A M. DE CHAMPAGNY

Posen, 12 décembre 1806.

« Monsieur Champagny, la littérature a besoin d'encouragements. Vous en êtes le ministre; proposez-moi quelques moyens pour donner une secousse à toutes les différentes branches de belles-lettres, qui ont de tout temps illustré la nation...

« NAPOLÉON. »

Tome XIV, page 68.

A M. FOUCHÉ

Osterode, 27 mars 1807

« J'ai vu dans les journaux une prétendue lettre écrite en Russie; c'est pitoyable....

« En général, tout ce qu'on imprime pour éclairer l'opinion me paraît rédigé dans un faux esprit, et

comme si l'auteur pensait lui-même que ce qu'il dit
n'est pas vrai : c'est le cas de dire que mieux vaut un
écrivain ennemi qu'un sot ami.

« NAPOLÉON. »

Page 551.

Le ministre de la littérature imagina les prix Dé-
cennaux pour donner cette secousse que l'empereur
lui demandait dans la lettre du 12 décembre 1806,
qui vient d'être citée, mais les chefs-d'œuvre ne pa-
rurent pas davantage ; il aurait fallu pour les faire
naître ce que Napoléon ne voulait pas accorder.

Voyons maintenant comment il agissait et pensait
vis-à-vis des journaux et livres étrangers.

AU CITOYEN JOSEPH BONAPARTE

Paris, 13 pluviôse an X (2 février 1802).

« ... Je reçois votre lettre du 12 pluviôse. Il paraît
que tout marche à Amiens...

« Je désire que vous parliez à lord Cornwallis de l'a-
bominable ouvrage que vous trouverez ci-joint, et lui
fassiez sentir combien il est contraire à la dignité des
deux États, de laisser à Londres un émigré imprimer
de pareilles sottises, dans un temps où je m'emploie

8.

particulièrement à étouffer tout ce qui pourrait être fait comme une plainte particulière...

« BONAPARTE. »

Tome VII, page 576.

AU CITOYEN TALLEYRAND

MINISTRE DES RELATIONS EXTÉRIEURES

Paris, 12 prairial an X (1er juin 1802).

« Je désire, citoyen ministre, que vous fassiez venir M. Merry[1] et que vous lui fassiez connaître le choïx de l'ambassadeur qui a été nommé. Vous lui ferez sentir l'inconvenance qu'il y aurait d'envoyer un ambassadeur en Angleterre dans le temps où Londres est encore le foyer d'une guerre contre la France... Que nous demandons enfin que le gouvernement anglais fasse garder par les journaux la mesure qui est d'usage en Angleterre avec les puissances avec lesquelles on est en paix.

« BONAPARTE. »

Page 480.

[1] Ministre plénipotentiaire de la Grande-Bretagne.

AU CITOYEN TALLEYRAND

La Malmaison, 29 ventôse an XII (20 mars 1804).

« Je vous envoie, citoyen ministre, l'extrait d'un journal qui s'imprime en Hollande. Demandez sur-le-champ la suppression de ce journal.

« BONAPARTE. »

Tome IX, page 200.

A M. TALLEYRAND

Pont-de-Briques, 30 thermidor an XII (18 août 1804).

« ... Sa Majesté me charge en même temps d'avoir l'honneur de vous faire connaître qu'elle désire que vous fassiez adresser une note au chargé d'affaires des villes hanséatiques à Paris, pour inviter ces villes non-seulement à prendre des mesures efficaces afin d'empêcher la circulation des pamphlets injurieux à la France que les Anglais versent sur le continent, mais aussi à ordonner la suppression du *Journal critique sur la guerre actuelle*, dont j'ai l'honneur de vous adresser un extrait.

« Sa Majesté juge convenable, en même temps, que

vous engagiez M. Reinhard à s'occuper plus activement de réprimer l'insolence des villes de **Brême** et de **Hambourg**. C'est à regret que l'empereur se verrait obligé, si elles continuaient à faire si mal la police, à leur envoyer huit ou dix mille hommes pour la faire.

(Par ordre de l'empereur.)

Tome IX, page 175.

A M. DE TALLEYRAND

Saint-Cloud, 5 août 1806

« Monsieur le prince de Bénévent, tous les libelles qu'on répand en Allemagne sortent de la ville de Nuremberg. Faites connaître au sénat de cette ville que si, sur-le-champ, il ne fait pas arrêter les libraires et brûler tous ces libelles, avant de quitter l'Allemagne je punirai la ville de Nuremberg d'une manière exemplaire.

« NAPOLÉON. »

Tome XIII, page 57.

AU MARÉCHAL BERTHIER

Saint-Cloud, 5 août 1806.

« Mon cousin, j'imagine que vous avez fait arrêter les libraires d'Augsbourg et de Nuremberg. Mon intention est qu'ils soient traduits devant une commission militaire et fusillés dans les vingt-quatre heures. Ce n'est pas un crime ordinaire que de répandre des libelles dans les lieux où se trouvent les armées françaises, pour exciter les habitants contre elles, c'est un crime de haute trahison. La sentence portera que, partout où il y aura une armée, le devoir du chef étant de veiller à sa sûreté, les individus tels et tels, convaincus d'avoir tenté de soulever les habitants de la Souabe contre l'armée française, sont condamnés à mort. C'est dans ce sens que sera rédigée la sentence. Vous mettrez les coupables au milieu d'une division et vous nommerez sept colonels pour les juger. Vous ferez constater dans la sentence que les libelles ont été envoyés par les libraires Kupfer de Vienne et Henrich de Linz et qu'ils sont condamnés à mort comme contumaces, lequel jugement sera exécuté, s'ils sont saisis, partout où se trouveront les armées françaises. Vous ferez répandre la sentence dans toute l'Allemagne [1].

« NAPOLÉON. »

Page 57.

___

[1] Extrait de *Le Tour du monde*, publié par Édouard Charton 1864, N° 210, page 28. — *Nuremberg (Bavière)* par M. *Édouard Charton*.

.,. En me retournant je lis sur une plaque de marbre encastrée

A EUGÈNE NAPOLÉON

VICE-ROI D'ITALIE

Paris, 23 janvier 1808.

« Mon fils, je reçois votre lettre du 16. Je vois que le 2 février, mon armée sera à Rome. Envoyez l'ordre au général Miollis de se concerter avec le sieur Alquier pour toutes les opérations, de bien établir sa troupe à Rome, de bien soigner nos hôpitaux et de prendre le titre de *général commandant de la division d'observation de l'Adriatique*. Pendant tout le temps qu'il restera à Rome, il prendra le commandement de toutes les troupes du pape, afin qu'il y ait unité dans

dans un mur, une inscription en lettres d'or dont voici la traduction :

JOANNES PALM

LIBRAIRE

HABITAIT ICI

EN 1806

IL TOMBA VICTIME

DE LA TYRANNIE

NAPOLÉONIENNE

Quel était ce Jean Palm ? Quel rapport entre lui et Napoléon ? Pourquoi, comment fut-il frappé ?

Je l'ignorais alors ; aujourd'hui je le sais.

Un jour de cette année 1806 où la ville de Nuremberg fut cédée, bon gré mal gré, à la Bavière, Jean Palm, libraire, reçut secrètement l'avis que le maréchal B... avait donné l'ordre de l'arrêter. Sur les instances de sa famille, il sortit de la ville et se rendit à Erlangen.

l'exécution. Il aura soin qu'on n'imprime rien dans les gazettes de Rome de contraire à la France. Il fera connaître au gouvernement romain que, s'il a envie de faire quelques publications, il a ordre de faire arrêter les gouverneurs et les agents qui se les permettraient et de les envoyer en France, et de faire pendre le libraire qui les imprimerait...

« NAPOLÉON. »

Tome XVI, page 265.

Quelques jours après, ne pouvant supporter d'être plus longtemps séparé de sa femme et de ses enfants et ayant conscience, d'ailleurs, qu'il n'avait rien à se reprocher, il revint de nuit à Nuremberg et se cacha dans une chambre retirée de sa maison. Les recherches s'étaient en apparence ralenties ; il semblait qu'on l'eût oublié. Mais on soupçonnait son retour, on lui tendit un piége, il s'y laissa prendre. Un matin, un pauvre enfant mal vêtu vint au magasin de librairie et présenta à la femme de Palm une liste de souscription pour sa mère veuve, disait-il, d'un soldat allemand. Il demandait à parler à Palm lui-même. Palm sans défiance le fit venir et lui remit quelque argent. L'enfant sortit. Peu de minutes après, des soldats français entrèrent brusquement, se dirigèrent tout droit vers la chambre qui leur avait été indiquée, saisirent Palm et le conduisirent chez le maréchal.

B... le fit traduire immédiatement devant une commission militaire.

Accusé d'être l'auteur ou l'éditeur d'une brochure politique intitulée : « *L'Allemagne tombée dans une dégradation profonde,* » Palm répondit qu'il n'avait ni écrit ni édité cette brochure et il offrit de prouver par témoins que les exemplaires saisis dans sa maison faisaient partie d'un ballot de livres dont il ignorait le contenu. Il demanda, de plus, d'être admis à prouver qu'il n'avait pas été vendu un seul exemplaire de cette brochure dans sa boutique.

On passa outre, et Jean Palm fut condamné à mort.

L'arrêt reçut son exécution le lendemain, Palm fut fusillé à Branau.

Avant de commander de faire feu sur lui, on lui demanda une fois encore de nommer l'auteur de la brochure ; il refusa.

Jean Palm mourut avec un courage héroïque. — La nouvelle de cette mort se répandit dans toute l'Allemagne avec la rapidité d'un coup de foudre : elle n'intimida personne, comme on l'avait espéré ; au contraire, elle souleva dans toutes les âmes une indignation profonde. Aujourd'hui encore, on ne prononce en Bavière le nom de Palm qu'avec une douleur mêlée de ressentiment. En 1862 on a élevé au pauvre libraire nurembergeois une statue sur le lieu même où il a été supplicié.

IX

* IDÉES DE NAPOLÉON SUR LES CORPS LÉGISLATIFS

Tout le monde sait l'indignation de Napoléon contre
la commission du Corps législatif, qui, au mois de décembre 1813, avait osé demander qu'*en même temps
que le gouvernement proposera les mesures les plus
promptes pour la sûreté de l'Etat, Sa Majesté soit
suppliée de maintenir l'entière et constante exécution
des lois qui garantissent aux Français les droits de la
liberté, de la sûreté, de la propriété, et à la nation le
libre exercice de ses droits politiques. Cette garantie a
paru à votre commission le plus efficace moyen de rendre
aux Français l'énergie nécessaire à leur propre défense.*

Cette indignation de Napoléon fut au comble contre Corps législatif lui-même, qui avait ordonné l'impression de ce rapport avant de le discuter, et elle se manifesta le lendemain, 31 décembre, par une violente diatribe de Napoléon contre le Corps législatif, qu'il ajourna immédiatement.

On va voir ce que n'est pas la colère du moment qui lui fit proférer alors des paroles inconsidérées; voici quelle était en principe son opinion sur les corps législatifs et leurs droits :

AU PRINCE EUGÈNE
VICE-ROI D'ITALIE

Saint-Cloud, 25 juillet 1805.

« ...Si la loi sur l'enregistrement ne passe pas, je la prendrai de ma propre autorité et tant que je serai roi, le Corps législatif ne sera pas réuni...

« NAPOLÉON. »

Tome XI, page 56.

À M. MARESCALCHI

Saint-Cloud, 7 thermidor an XIII (26 juillet 1805).

« Je vous envoie un décret que vous expédierez par un courrier au prince Eugène. Je suis mécontent du

Corps législatif. J'ai défendu qu'on lui présentât aucune loi, et pendant mon règne en Italie je ne le réunirai plus. Je désire qu'en écrivant aux membres de ce corps qui sont vos amis, vous leur parliez dans ce sens. Jusqu'à l'arrivée de mon ministre secrétaire d'État, vous contresignerez mes actes comme secrétaire d'État.

« NAPOLÉON. »

Page 11.

AU PRINCE EUGÈNE

Saint-Cloud, 27 juillet 1805.

« Mon cousin, je charge M. Marescalchi de vous expédier le décret par lequel j'ordonne que le Corps législatif termine ses séances. Mon intention pendant que je règnerai en Italie est de ne plus le réunir. J'avais trop bonne opinion des Italiens, je vois qu'il y a encore beaucoup de brouillons et de mauvais sujets. Il est inouï qu'une loi aussi simple que celle des finances ait eu contre elle le tiers des voix, cela aggrave le tort du premier refus. Ce n'est pas l'autorité du Corps législatif que je voulais, c'est son opinion. Vous ne lui ferez pas de message, vous ne lui rendrez aucun honneur; vous ferez cependant connaître mon mécontement. Si la loi des douanes a été envoyée, retirez-la; cela ne regarde pas le Corps législatif; je n'en ai pas eu besoin en France pour cet objet. Retirez aussi la loi générale du budget, et tout ce qui est relatif à la loi de l'enregistrement et publiez-la en décret.

« Vous avez tort de penser que les Italiens sont comme des enfants. Il y a là dedans de la malveillance. Ne leur laissez pas oublier que je suis le maître de faire ce que je veux; cela est nécessaire pour tous les peuples, et surtout pour les Italiens qui n'obéissent qu'à la voix du maître. Ils ne vous estimeront qu'autant qu'ils vous craindront, et ils ne vous craindront qu'autant qu'ils s'apercevront que vous connaissez leur caractère double et faux.

« D'ailleurs votre système est simple, l'empereur le veut. Ils savent bien que je 'ne me dépars pas de ma volonté.

« NAPOLÉON. »

Tome XI, page 18.

A M. TAVERNA

PRÉSIDENT DU CORPS-LÉGISLATIF A MILAN

Camp de Boulogne, 25 thermidor an XIII (11 août 1805).

« Monsieur le président Taverna, je reçois la lettre du 1er août que vous m'écrivez au nom du Corps législatif. Les assurances de son attachement me sont d'autant plus agréables que sa conduite pendant la session m'a démontré qu'il ne marchait pas dans la même direction que moi, et qu'il avait d'autres projets et un autre but que ceux que je me proposais. Il est dans mes principes de me servir des lumières de tous les corps intermédiaires, soit conseil des consulteurs, soit conseils législatifs, soit corps législatifs, soit même des différents colléges, toutes les fois qu'ils auront les mêmes intentions et qu'ils suivront la même direction que moi. Mais toutes les fois qu'ils ne porteront dans leurs délibérations qu'un esprit de faction et de turbulence, ou des projets contraires à ceux que je puis avoir médités pour le bonheur et la prospérité de mes peuples, leurs efforts seront impuissants, la honte leur en restera tout entière, et malgré eux je remplirai tous les desseins, je terminerai toutes les opérations que j'aurai jugés nécessaires à la marche de mon gouvernement et au grand projet que j'ai conçu de reconstituer et d'illustrer le royaume d'Italie...

« NAPOLÉON.[1] »

Page 77.

---

[1] Au reste, voici l'opinion de Napoléon sur les Italiens :

AU GÉNÉRAL MURAT

COMMANDANT EN CHEF DES TROUPES FRANÇAISES EN ITALIE

Paris, 20 ventôse an XI (11 mars 1805).

« ... Le caractère dominant des Italiens est l'intrigue et la fausseté ; vous ne vous tenez pas assez en garde contre lui.

« BONAPARTE. »

Tome VIII, page 254.

9.

X

LES PRÉFETS

A M. FOUCHÉ

Alexandrie, 14 floréal an XIII (4 mai 1805).

« Je n'ai pu qu'être extrêmement étonné de l'article *Oise* de votre bulletin. Mon intention est que le conseiller d'État se rende à Compiègne, y fasse venir le préfet et me fasse un rapport détaillé, je veux connaître le commissaire corrompu et le dessous de cette affaire... Vous témoignerez mon mécontentement au préfet de l'Oise et lui ferez connaître que si je ne connais pas le dessous de cette affaire, je m'en prendrai à lui et le destituerai comme indigne de sa place. Portez la plus sérieuse attention sur la conscription et en général

sur l'administration des préfets. L'administration n'est
bonne nulle part et elle tue par sa racine l'ordre social.

« NAPOLÉON. »

Tome X, page 571.

A M. DE CHAMPAGNY

Saint-Cloud, 26 avril 1806.

« Monsieur de Champagny, l'affaire de l'adjoint de
la mairie de Dijon a fixé mon attention. Le préfet n'a-
vait pas le droit de nommer un commissaire pour recevoir le serment du maire, il n'avait pas le droit pour
une simple difficulté d'attributions, de prendre un arrêté et de le rendre public et de placer ainsi un magis-
trat respectable dans l'alternative ou de subir le dés-
honneur ou de faire un coup de tête. Par la publicité
donnée à son arrêté, le préfet a fait un appel au public,
qui n'avait point à se mêler de cette discussion. Il ne
s'est point comporté dans cette circonstance avec cet esprit de conciliation dont il est dans mon intention que
mes agents usent entre eux. La subordination civile
n'est point aveugle et absolue ; elle admet des raison-
nements et des observations quelle que puisse être la hié-
rarchie des autorités...

« L'autorité des préfets est trop considérable, il y a
à en craindre l'abus plus que le relâchement...

« NAPOLÉON. »

Tome XII. page 511.

A M. FOUCHÉ

Osterode, 6 mars 1807.

« J'ai renvoyé au Conseil l'arrêté du général
Cervoni... L'article de votre bulletin n'est pas exact.
Les préfets n'ont pas le droit de défendre ou de permettre le port d'armes. Ils abusent en étendant leur
autorité et les militaires sont ainsi conduits à abuser à
leur tour. Je ne sais si un procureur zélé n'aurait pas
pu poursuivre les préfets comme ayant établi des taxa-
tions arbitraires. Il me paraît même que si j'étais grand
juge, je ne manquerais pas de le faire. Ces objets sont
de la compétence du souverain.

« C'est une grande erreur que celle qui fait considérer
les préfets comme de petits ministres.

« NAPOLÉON. »

Tome XIV, page 384.

XI

GRATIFICATIONS DONNÉES PAR NAPOLÉON
A SES PRINCIPAUX SERVITEURS CIVILS ET MILITAIRES
ET A L'ARMEE

AU CITOYEN LOCRÉ

SECRÉTAIRE GÉNÉRAL DU CONSEIL D'ÉTAT

Paris, 16 ventôse an X (7 mars 1802).

« Vous trouverez ci-joint, citoyen, un arrêté qui met à votre disposition 100,000 fr., vous les distribuerez de la manière suivante : 15,000 fr. au citoyen Regnier, 15,000 fr. au citoyen Defermon, 15,000 fr. au citoyen Lacuée, 15,000 fr. au citoyen Portalis, 15,000 fr. au citoyen Rœderer.

« Vous garderez 10,000 fr. pour vous et 15,000 fr. en caisse pour petites dépenses imprévues.

« Vous remettrez ces sommes de la main à la main à chacun de ces conseillers d'État sans dire à l'un que les autres l'ont reçue, mon intention étant que ceci reste très-secret. Votre décharge sera cette lettre.

« BONAPARTE. »

Tome VII, page 404.

A M. FOUCHÉ

Paris, 11 nivôse an XIII (1er janvier 1805).

« Monsieur Fouché, ministre de la police générale, ayant jugé à propos de faire racheter de la famille du général Moreau, Grosbois et la maison de la rue d'Anjou, et désirant reconnaître les bons services des maréchaux Berthier et Bernadotte, je vous fais cette lettre pour que vous ayez à leur faire passer la vente en bonne et due forme de ces propriétés (Grosbois au maréchal Berthier, et la maison, rue d'Anjou, au maréchal Bernadotte), afin qu'ils en jouissent sur-le-champ dans l'état où elles sont.

« NAPOLÉON. »

Tome X, page 98.

AU MARÉCHAL BERTHIER

Schœnbrunn, 28 frimaire an XIV (19 décembre 1805).

« Un million en billets sera à votre disposition.

« Vous me proposerez un projet de répartition de deux millions entre les maréchaux, généraux de division, de brigade, adjudants commandants et colonels des régiments.

« NAPOLÉON. »

Tome XI, page 490.

A M. MOLLIEN

Stuttgart, 19 janvier 1806.

« Je vous envoie le procès-verbal de la remise des trente-deux millions qui doivent être versés dans votre caisse. Nous voilà bientôt à la fin de janvier où les six premiers millions doivent être remis ; vous les tiendrez dans une caisse particulière et vous n'en disposerez que sur mon ordre, puisqu'ils doivent appartenir à la grande armée.

« NAPOLÉON. »

Page 542.

A M. MOLLIEN

Paris, 15 février 1806.

« Monsieur Mollien, je vous ai fait connaître par ma lettre de ce jour l'arrivée prochaine et la destination de dix-huit millions en lingots appartenant à la grande armée.

« NAPOLÉON. »

Tome XII, page 49.

A M. DE TALLEYRAND

Paris, 21 mars 1806.

« Monsieur de Talleyrand, la Dalmatie sera difficilement gouvernée par l'administration de Milan. Mon intention serait de la diviser, avec l'Istrie et le pays de Montefalcone, entre six princes. J'y nommerai ceux des généraux qui m'ont le mieux servi à Austerlitz et à Ulm. Ils seraient feudataires des royaumes d'Italie et de France. L'aîné de la famille porterait le titre et hériterait de la principauté.

« Faire un projet qui aurait pour objet d'augmenter la principauté de Lucques et Piombino, lui donner Massa, Carrara et la Garfagnana afin de former ses limites et de mettre cette principauté dans une belle position. Mais je voudrais la vendre au prince de Lucques moyennant quatre cent mille francs de rentes qu'il m'inscrirait sur son grand livre et que je donnerais pour récompense à mon armée.

« Je réunirai Venise au royaume d'Italie, mais je désire m'emparer de tous les biens nationaux. Je désire également mettre sur le grand livre de mon royaume d'Italie deux millions hypothéqués sur Venise que je donnerais également à mon armée.

« Faites-moi connaître la quantité de biens nationaux dont je deviendrai propriétaire pour cet objet et la manière de les distribuer à mon armée.

« NAPOLÉON. »

Page 205.

A M. GAUDIN

La Malmaison, 4 avril 1806.

« Mon intention est que toutes les marchandises anglaises saisies à Neufchâtel servent de gratification à l'armée.

« NAPOLÉON. »

Tome XII, page 255.

AU PRINCE EUGÈNE

Saint-Cloud, 21 avril 1806.

« ... Il ne doit pas être question de rembourser à Venise les deux millions de contributions qui lui ont été imposés. Ne dirait-on pas, à entendre les Vénitiens, qu'ils se sont donnés à moi par pure volonté ? Voilà les

10

inconvénients d'avoir une administration trop douce en commençant.

« NAPOLÉON. »

Tome XII, page 296.

LETTRE DE LA MÊME DATE

« ... J'ai traité Venise comme pays conquis ; sans doute : l'ai-je obtenue autrement que par la victoire?

« NAPOLÉON. »

Page 297.

A M. BÉRENGER

Saint-Cloud, 6 mai 1806.

« Je n'ai point trop compris votre état de contributions de la grande armée. J'ai écrit au ministre des finances qui est familiarisé avec la forme des états qui me sont remis et qui me le fera rédiger de manière que je le comprenne rapidement. En attendant, je désire savoir positivement si c'est cinquante millions que j'ai à la disposition de la grande armée ou seulement quarante-six millions. M. Daru prétend que je dois avoir cinquante millions.

« NAPOLÉON. »

Page 555.

A M. GAUDIN

Varsovie, 29 janvier 1807.

« Je reçois votre lettre du 18. J'approuve fort ce que

vous avez fait relativement à vos affaires. Je dois tant
à votre bonne administration qu'il est tout simple que
je vienne à votre secours dans cette circonstance. J'ordonne donc par le billet ci-joint à M. Bérenger de vous
remettre trois cent mille francs sur les fonds qui appartiennent à la grande armée. Je régulariserai cela sur la
liste civile.

« NAPOLÉON. »

Tome XIV, page 255.

DÉCRET POUR CHACUN DES DONATAIRES DÉSIGNÉS
DANS LE TABLEAU CI-APRÈS

Tilsitt, 30 juin 1807.

« Napoléon, empereur des Français, roi d'Italie, voulant reconnaître les services qui nous ont été rendus
dans la campagne de Pologne par le..., nous avons
résolu de lui accorder et lui accordons par les pré-
sentes le domaine de..., département de... pour
en jouir, lui, ses héritiers et successeurs en toute propriété ; entendant que ledit domaine ne puisse être
vendu ni aliéné par lui, ou ses héritiers et successeurs,
sans notre autorisation et autrement qu'à charge de
remplacement en propriétés situées dans le territoire
de notre empire ; pour lesdites propriétés faire partie
du fief qu'il est dans notre intention de lui accorder.

« NAPOLÉON. »

Tome XV, page 577.

TABLEAU DES DOMAINES DONT L'EMPEREUR A DISPOSÉ EN POLOGNE,
PAR DÉCRET DU 50 JUIN 1807.

NOMS DES DÉPARTEMENTS.	NOMS DES DOMAINES.	ESTIMATION DES DOMAINES EN CAPITAL.	NOMS DES PERSONNES EN FAVEUR DE QUI L'EMPEREUR A DISPOSÉ.
Posen.	Nowawies	548,656	Grouchy, général de division.
	Przedecz	1,069,670	Victor, général de division.
	Raciazek	1,595,492	Soult, maréchal de l'empire.
Kalisz.	Principauté de Sievre	2,674,280	Lannes, maréchal de l'empire.
	Iwanowice	867,554	Mouton, général de brigade.
	Klonowo	751,120	Marchand, général de division.
	Leczno	725,052	Friant, général de division.
Varsovie.	Lowicz	4,851,258	Davout, maréchal de l'empire.
	Korabiewice	554,512	Legrand, général de division.
	Goszczyn	1,096,976	Bertrand, général de division.
Plock.	Principauté de Sieluin	518,000	Ney, maréchal de l'empire.
	Wielkielenie	671,180	Belliard, général de division.
	Drobin	846,950	Masséna, maréchal de l'empire.
	Mlawa	217,490	Nansouty, général de division.
	Opinogova	972,560	Bernadotte, prince de P. C., maréchal de l'empire.
Bromberg.	Rozan	829,688	De Saint-Hilaire, général de div.
	Bialosliw	866,984	Savary, général de division.
	Nieszczewice	601,102	Walther, général de division.
	Kruszwica	1,051,856	Bessières, maréchal de l'empire.
	Zelgniewo	549,946	Songis, inspect. gén. d'artillerie.
	Gniewkowo	457,562	Suchet, général de division.
	Inowraslaw	945,498	Oudinot, général de division.
	Podstolice	405,742	Lariboissière, général de division.
	Kamietz	727,050	Mortier, maréchal de l'empire.
	Frzcainka Schelinka	1,625,484	Berthier, prince de Neufchâtel, maréchal de l'empire.
	Orlowo	648,248	Chasseloup-Laubat, général de div.
	Murzyno	575,722	Dupont, général de division.
Total		26,582,652	

AU MARÉCHAL DAVOUT
A VARSOVIE

Saint-Cloud, 4 août 1807.

« Mon cousin,

« La principauté que je vous ai donnée doit rendre deux cent cinquante mille francs de rente et trois cent mille francs lorsqu'elle sera bien administrée.

« NAPOLÉON. »

Tome XV, page 470.

AU PRINCE DE NEUFCHATEL
MAJOR GÉNÉRAL DE LA GRANDE ARMÉE

Fontainebleau, 25 septembre 1807.

« Mon cousin, vous trouverez ci-joint une lettre au ministre des finances par laquelle je lui ordonne de mettre onze millions à votre disposition, sur les fonds appartenant à la grande armée, qui sont déposés dans la caisse d'amortissement.

« Vous disposerez de ces onze millions de la manière suivante. Vous garderez un million pour vous, que vous prendrez, moitié en argent, et moitié en rentes sur l'État au cours de quatre-vingt-cinq francs.

« Vous donnerez six cent mille francs, moitié en

10.

argent, et moitié en rentes sur l'État au même cours
de quatre-vingt-cinq francs aux maréchaux Ney, Da-
vout, Soult et Bessières, et quatre cent mille francs,
moitié en argent, moitié en rentes au cours de quatre-
vingt-cinq francs, aux maréchaux Masséna, Augereau,
Bernadotte, Mortier et Victor. Vous ferez connaître à
chacun de ces maréchaux que les rentes sur l'État doivent être réunies aux autres biens et faire partie du
fief que je veux établir incessamment en leur faveur et
qu'ainsi ils ne peuvent aliéner ces rentes; que quant à
la somme qui leur est donnée en argent, ils doivent
l'employer à se procurer un hôtel à Paris, qui doit
être compris dans le fief que nous érigerons en leur
faveur, étant nécessaire que les possesseurs de grands
fiefs aient un hôtel à Paris; qu'il faudra donc qu'ils
vous fassent connaître l'hôtel qu'ils auront acheté, et
que dès ce moment ils ne pourront ni le vendre ni
l'aliéner. Vous ferez connaître au maréchal Lannes
qu'il est nécessaire que, sur les fonds de la grande
armée que je lui ai donnés, il se procure un hôtel à
Paris qu'il ne pourra plus aliéner.

« Vous donnerez deux cent mille francs à chacun des
généraux dont la liste est ci-jointe. Cette somme leur
sera donnée également, moitié en argent et moitié en
rentes sur l'État au cours de quatre-vingt-cinq francs,
et il faut qu'ils aient un hôtel à Paris ou dans un chef-
lieu de département. Cette maison sera inaliénable

et fera partie du fief que je veux ériger en leur faveur.

« NAPOLÉON. »

Tome XVI, page 14.

Vient ensuite le tableau de la répartition des onze
millions. Après les maréchaux on voit deux cent mille
francs donnés à chacun des généraux dont les noms
suivent : •

Oudinot, Songis, Chasseloup, Walther, Dupont,
Grouchy, Nansouty, Belliard, Lariboissière, Suchet,
Junot, Marmont, Saint-Hilaire, Friant, Duroc, Legrand,
Caulaincourt, Savary, Lauriston, Caffarelli, Bertrand,
Rapp, Mouton, Clarke, Ordener : ensuite cinquante
mille francs sont donnés au général Reille, au colonel
Lacoste, et deux cent mille à M. de Ségur et au sénateur
Beauharnais.

NOTE AUTOGRAPHE

(Date incertaine.)

« *Ducs*. Il faut trente maisons à Paris qui s'élèvent
avec le trône. Il faut leur donner cinq cent mille
francs, argent ou bons de la caisse, pour payer la mai-

son, et au moins cent mille francs de rente : quinze millions; trois millions.

« *Comtes*. Soixante maisons qui aient maison à Paris ou dans les chefs-lieux de départements. Il faut qu'ils aient cinquante mille francs de rente au moins, et deux cent mille francs pour payer la maison : douze millions; trois millions.

« *Barons*. Quatre cents barons ayant au moins cinq mille francs de rente; deux millions. »

(Suivent quatre feuilles d'ébauche couvertes de chiffres, et quelques noms illisibles.)

Tome XVI, page 16.

A M. BÉRENGER
DIRECTEUR DE LA CAISSE D'AMORTISSEMENT

Paris, 17 janvier 1808.

« J'ai reçu le compte des fonds de la grande armée. Mon intention est de tenir séparément et de n'additionner jamais les comptes des troisième et quatrième coalitions. Dans le compte de la troisième coalition, vous devez comprendre le produit des marchandises vendues à Neufchâtel, et dans celui de la quatrième coalition le produit des différents bâtiments saisis et vendus à Hambourg.

« Pour les comptes de la troisième et de la quatrième coalition, il faut toujours relater les décrets que j'ai pris, qui fixaient les sommes qui devaient rentrer à la caisse d'amortissement.

« J'ai donné l'ordre au ministre des finances pour que les fonds provenant de la quatrième coalition, à verser à la caisse d'amortissement, fussent portés à 100 millions. Il faut tâcher de les employer de manière à leur faire rendre de l'argent. »

Page 254.

AU PRINCE DE NEUFCHATEL
MAJOR GÉNÉRAL DE LA GRANDE ARMÉE

Paris, 19 janvier 1808.

« Mon cousin, mon intention est d'accorder à chaque chef de bataillon de la garde 6,000 fr., à chaque capitaine 2,000 fr., et à chaque lieutenant et sous-lieutenant 1,000 fr., sur ce qui peut leur revenir pour leur part des contributions de la grande armée. Mon intention est de donner également au général Hulin 100,000 fr., au général Dorsenne 100,000 fr., au général Soulès 100,000 fr., aux généraux de brigade Gros, Curial, Lepic, Guyot, et au colonel du 2ᵐᵉ régiment Boyer, chacun 50,000 fr.; aux colonels Frédérichs, du 1ᵉʳ régiment, Michel, major en second des grenadiers à pied, Chastel, major au 2ᵐᵉ de grenadiers à cheval, Doguereau, major d'artillerie, et Digeon, major directeur du parc d'artillerie, chacun 50,000 f., au colonel Jacquin, major de la gendarmerie d'élite, Henri, chef d'escadron du même corps, par extraordinaire, chacun 50,000 fr., total, 790,000 fr.

« Vous me ferez connaître à combien se montent les gratifications que j'accorde aux chefs de bataillon, capitaines, etc. Je ne pense pas qu'elles dépassent 610,000 fr., ce qui ferait 1,400,000 fr.

« Vous trouverez ci-joint un ordre au ministre des finances, de vous remettre deux millions. Comme ces deux millions seront plus que suffisants pour ces gratifications, faites-moi un petit état de ceux de mes écuyers, officiers d'ordonnance, et autres personnes de ma maison qui ont fait la dernière campagne avec moi et auxquels je n'ai rien donné. Il est bien entendu que mon intention est de ne donner qu'aux officiers de ma garde qui ont fait la campagne de la grande armée. Dressez en conséquence les états de toutes ces gratifications et soumettez-les à mon approbation.

« NAPOLÉON. »

Tome XVI, page 257

INCIDENT

La première partie de *Napoléon Ier peint par lui-même*, qu'on vient de lire, avait paru dans *le Correspondant* du 25 mars 1865. Au mois d'avril, le gérant de cette revue recevait la lettre suivante :

A M. Charles Douniol, directeur du CORRESPONDANT.

Monsieur le Directeur,

Vous avez inséré, dans votre numéro du 25 mars, un article que je ne puis laisser sans réponse.

Confiante dans la raison publique, la nouvelle Dynastie n'a pas craint d'exposer aux regards le travail quotidien, les impressions les plus intimes de son fondateur. Quel autre gouvernement eût pu se permettre de livrer ainsi à l'examen de la postérité l'histoire intérieure de ses actes et de ses sentiments? Sans trop insister sur ce point, ce qui m'obligerait à des comparaisons peut-être blessantes pour certaines habitudes de penser, je dirai seulement que la publication de la *Correspondance de Napoléon I*^{er} offrait une occasion incomparable pour l'étude d'un homme extraordinaire et d'une époque non moins prodigieuse. Mais une tâche aussi élevée ne pouvait tenter l'esprit de parti; tout ce que M. Raudot a vu dans les quinze volumes ouverts à ses investigations, c'est qu'il y avait là pour lui moyen de surprendre, au milieu d'une immense action, quelques aveux, quelques faits, quelques sentiments susceptibles d'être mal notés, quelques-unes de ces faiblesses dont les grands hommes eux-mêmes ne sont pas exempts. Napoléon a lutté contre l'erreur, contre des passions, contre des hostilités implacables; il s'est dégagé du chaos, il a recomposé un monde avec des éléments, parfois insuffisants ou pervers, qui lui étaient imposés; dans cet enfantement, cette reconstitution, cette bataille acharnée, quelle part est à faire aux fatalités du temps, aux imperfections de la nature humaine, à la puissance du génie? M. Raudot ne s'embarrasse pas de ce travail de discernement; ce qu'il s'efforce de faire, c'est de trouver Napoléon en faute de patience et de modération. Une centaine de fragments extraits de 14,000 lettres, c'est là ce que le compilateur appelle « *Napoléon I*^{er} *peint par lui-même.* »

La critique historique manque de mots pour qualifier ces sortes de produits forgés par la malignité à l'usage des esprits paresseux. Prendre une phrase, plusieurs phrases, les isoler des circonstances, des faits qui les motivent, les expliquent, en déterminent le sens réel, grouper ce qui était disjoint, séparer ce qui allait ensemble, composer un corps qui n'a jamais existé, faire jouer aux yeux du lecteur ce faux semblant de vérité, qu'est-ce que ce procédé-là? Il n'y a que l'esprit de parti qui puisse condamner un homme de sens à s'y abandonner.

Mais cette fâcheuse partialité ressort encore mieux de quelques autres allégations de l'auteur.

M. Raudot, parlant des deux Commissions successivement chargées de publier la *Correspondance de Napoléon Ier*, dit que « *la nouvelle Commission ne dut pas, comme l'an-* « *cienne, s'interdire scrupuleusement... toute altération,* « *tout retranchement, toute modification de texte...* »

Et comment M. Raudot prouve-t-il cette énormité?

Tout simplement en appliquant son système de choix partial au rapport du président de la nouvelle Commission. Ainsi, il cite de ce rapport quelques phrases qui lui semblent, bien à tort, ne pas contredire son étrange assertion ; il n'est même pas arrêté par ces mots que l'on croirait avoir été écrits à son adresse : « Quelques-unes des lettres de Na- « poléon, considérées isolément, pourront donner lieu à des « méprises; » mais il se gardera bien de citer d'autres phrases où son étrange assertion rencontre une contradiction formelle.

Voici une de ces phrases :

« UNE SEULE RÈGLE NOUS A PARU DEVOIR ÊTRE SUIVIE SANS « EXCEPTION, C'EST DE... REPRODUIRE LES TEXTES DANS LEURS « DÉTAILS LES PLUS MINUTIEUX, MÊME AVEC LEURS IMPERFEC- « TIONS GRAMMATICALES. »

Le rapport mentionne ailleurs une mesure montrant, d'une manière frappante, jusqu'à quel point la nouvelle Commission a jugé nécessaire de « *pousser le scrupule de l'exacti-* *tude :* » je veux parler de ces indications de sources permettant de toujours retrouver les textes primitifs dont les documents publiés sont la reproduction; comment admettre un parti pris de falsification à côté de ce moyen de contrôle toujours offert au bas de chaque pièce? Comment admettre des *retranchements*, des *altérations*, des *modifications de texte*, devant cette possibilité, toujours imminente, de confrontation et de vérification?

Ailleurs encore le rapporteur semble lui-même effrayé d'avoir à laisser ainsi sans voile toute l'œuvre de Napoléon Ier avec ses méditations les plus intimes et les plus passionnées; il prévoit les méprises et les calomnies de l'esprit de parti; mais, en définitive, il se rassure en songeant à tout ce qu'il y a, dans l'œuvre de Napoléon, de vraiment utile et de grand; et il a confiance en la justice de l'avenir.

En présence de ces déclarations, et d'autres encore que je pourrais citer, où l'on voit si bien la résolution de l'exactitude, que peut-on penser de M. Raudot, affirmant que « *la « nouvelle Commission ne dut pas, comme l'ancienne, « s'interdire scrupuleusement dans la reproduction des « lettres de l'Empereur toute altération, tout retranchement, toute modification de texte,* » et que « *le rapport « fait par le prince à l'Empereur, six mois après la formation de la Commission et au moment de la publication du seizième volume, constate* LE CONTRAIRE! »

L'inexactitude matérielle est ici manifeste, et je n'en dirai pas davantage.

J'ajouterai seulement quelques explications.

L'ancienne Commission, ainsi qu'elle l'a indiqué dans son Rapport de 1858, n'avait pas cru devoir comprendre dans ses publications : 1° un certain nombre de documents « devant trouver place, » disait-elle, « dans les œuvres complètes de Napoléon Ier; » 2° les lettres qui n'étaient que les répétitions des mêmes ordres, faisant double emploi; 3° les lettres n'ayant « trait qu'à des relations de famille et à des affaires domestiques. »

Or ces principes de l'ancienne Commission n'ont pas cessé d'être ceux de la nouvelle; seulement peut-être la nouvelle a-t-elle fait, en le disant plus haut, ce que l'ancienne faisait tout aussi bien en le disant un peu plus bas. Peut-être aussi y a-t-il quelque différence, au point de vue de la fermeté, dans l'application des principes admis. Mais, s'il est une innovation qui puisse être signalée avec quelque assurance, c'est la suivante.

L'ancienne Commission avait publié des lettres contenant des paroles graves pour certains noms propres. De pénibles inconvénients en étaient résultés. Souvent les paroles de blâme avaient été, plus tard, reconnues injustes par Napoléon lui-même; elles devaient donc être non avenues pour l'histoire. Admises dans un recueil officiel, elles pesaient désormais sur la considération des familles. De là des griefs bien légitimes. On a dû reconnaître la nécessité, sans toucher en rien au texte des lettres, de remplacer par des points les noms des personnes accusées, et de s'imposer cette sorte de réticence dans deux cas : 1° quand la lettre renfermant le blâme ne pouvait pas, ne devait pas être écartée, parce qu'elle offrait d'ailleurs de l'intérêt ; 2° quand le blâme exprimé n'a pas été vérifié par un jugement, par un acte public, ou par quelque événement éclatant plus tard dans l'histoire.

Je termine cette longue lettre.

Le président de la nouvelle Commission, avec une franchise qui n'est que l'expression naturelle d'une conscience sûre d'elle-même, a mis le public dans la confidence des considérations intimes de son difficile travail. Il y avait là un témoignage de loyauté qui aurait dû être remarqué et qui pour le moins devait écarter d'indignes soupçons. Ce n'est pas d'ordinaire ainsi que s'annoncent les œuvres de falsification; elles n'appellent pas l'examen et la lumière. Mais il a plu à l'esprit de parti de lire dans le Rapport du prince Napoléon ce qui ne s'y trouve pas. Il est à regretter qu'un recueil comme *le Correspondant* ait donné place à de calomnieuses suppositions restées jusqu'ici sans réponse, parce qu'on avait trop compté peut-être sur la raison et la bonne foi pour en faire justice.

C'est de votre loyauté, monsieur le Directeur, que j'attends l'insertion de cette lettre dans votre prochain numéro du 25 avril, et je vous prie de recevoir l'assurance de ma considération très-distinguée.

Le Secrétaire de la Commission
chargée de publier la Correspondance de Napoléon Ier,

Rapetti.

Palais-Royal, 20 avril 1865.

Je viens de lire la lettre de M. Rapetti, je serais blessé de ses reproches si je les méritais, mais je ne me sens pas atteint.

Si j'avais l'honneur d'être connu de M. Rapetti, il saurait

que je suis incapable de calomnies et de manœuvres perfides.

Sans doute j'ai mes convictions et mes idées, mûries par de longues réflexions et par l'expérience, mais je ne suis pas un homme de parti, comme il le croit. Je vis loin de Paris, au milieu des champs, avec mes livres, applaudissant au bien, déplorant le mal de quelque part qu'ils viennent.

J'ai passé une partie de ma vie, déjà longue, à étudier l'histoire. J'ai fait plus d'un ouvrage d'histoire, mais je n'ai jamais fait un pamphlet et je n'en ferai jamais.

Si j'avais outragé la Commission présidée par S. A. I. le prince Jérôme Napoléon, ce serait sans le savoir et sans le vouloir ; j'ai cité une page entière du Rapport qui me semblait dire clairement que la nouvelle Commission ne publierait pas comme la première, toutes les lettres sans altération, mais je n'ai jamais parlé de falsification. Que la Commission m'excuse d'avoir, faute d'intelligence sans doute, compris dans ce sens ces mots notamment :

« En général, nous avons pris pour guide cette idée bien simple, à savoir que nous étions appelés à publier ce que l'Empereur aurait livré à la publicité si, se survivant à lui-même et devançant la justice des âges, il avait voulu montrer à la postérité sa personne et son système. »

M. Rapetti dit dans sa lettre que je me suis trompé, que la nouvelle Commission publiera les lettres de Napoléon Ier avec autant de scrupule et d'étendue que la première ; j'en suis heureux et j'en félicite la Commission et le public.

M. Rapetti me reproche de ne citer que des lettres isolées, des fragments de lettres et qui sont groupés avec perfidie. Il comprendra cependant que je ne pouvais publier

126

toutes les lettres des quinze gros volumes et qu'il fallait faire
un choix. J'ai écarté ce qui était connu de tout le monde, l'apo-
théose de Napoléon est partout; j'ai voulu faire connaître ce
que personne ou à peu près ne connaissait. Ai-je mis de la dé-
loyauté dans ce choix ? Mais pour faire connaître le caractère,
les idées dominantes, les manières d'agir de Napoléon Ier,
je ne me suis pas contenté d'une lettre ou deux, j'ai publié
une série de lettres, dans l'ordre des dates, sur chaque sujet,
de manière qu'il ne pût pas rester l'ombre d'un doute dans
l'esprit du lecteur sur ce qu'il me paraissait si important de
lui faire connaître, et dans la seconde partie de mon étude,
M. Rapetti verra des lettres plus nombreuses et plus importantes encore qui achèveront de mettre dans tout leur jour le
caractère et le système de Napoléon Ier.

Mais on m'objectera que plusieurs de ces lettres présentent Napoléon sous un jour peu favorable et que je cherche
ainsi à amoindrir un grand homme.

C'est le droit, c'est l'honneur de l'histoire de ne tenir
compte que de la vérité et de juger même ceux qui ont tenu
dans leurs mains les destinées des nations.

Lorsque j'ai fait mon livre : *la France avant la Révolution*, malgré ma sympathie pour la vieille race qui avait si
longtemps gouverné la France, je n'ai pas cherché à cacher
les faiblesses, les erreurs, les vices qui avaient contribué à la
ruine de l'ancienne monarchie. Lorsque j'ai publié une étude
sur Colbert [1], je n'ai pas hésité à citer des lettres, des règlements, des édits qui faisaient connaître plus d'une idée
fausse, plus d'une mesure fatale du grand ministre et du
grand roi.

Un des plus beaux ouvrages qui aient été publiés de nos

[1] Dans le livre *Mes Oisivetés*; librairie Guillaumin, rue Richelieu.

jours, c'est sans contredit l'*Histoire de Louvois*. A-t-on fait à M. Camille Rousset les reproches qu'on m'adresse, parce qu'il a fait un choix dans la multitude des lettres de Louvois et de Louis XIV, parce qu'il a publié des documents nouveaux et qui pouvaient amoindrir la gloire de Louvois et de Louis XIV, notamment sur les réunions déloyales de territoires que les traités ne donnaient pas à la France, sur les effroyables dévastations du Palatinat, sur la révocation de l'édit de Nantes? Si par hasard son ouvrage avait été publié sous le règne d'un descendant de Louis XIV, M. Rousset aurait-il été compromis pour avoir dit la vérité et cité des lettres du grand roi?

Assez de gens encensent les puissants de ce monde, vivants ou morts; laissez à l'histoire le droit et le devoir de les juger, car elle peut préserver ainsi l'avenir des erreurs, des crimes qui ont fait le malheur des hommes dans le passé.

Vous croyez que j'ai fait une œuvre déloyale d'opposition, parce que j'ai trouvé et montré dans les lettres mêmes de Napoléon Ier quelles avaient été les causes de sa chute; mais en signalant les écueils où s'est brisée la plus haute fortune, je crois avoir fait une œuvre toute contraire, et dans tous les cas une œuvre de bonne foi.

RAUDOT.

21 avril 1865

DEUXIÈME PARTIE

J'apprends que la première partie de cette étude sur
Napoléon Ier, qui a paru dans le dernier numéro du
Correspondant, a causé de la surprise, de l'émotion,
et excité une vive curiosité; ce succès ne m'étonne
point. Le public éprouve le sentiment dont j'ai été saisi
moi-même à la lecture de la correspondance du grand
homme.

Lire tant et de si gros volumes m'avait semblé
d'abord une tâche difficile; pour l'entreprendre et
l'achever il fallait du temps et de la persévérance.

J'avais des loisirs et je pouvais dire comme le poëte,
mais avec un sentiment moins vif, il est vrai, de
reconnaissance :

Deus nobis hæc otia fecit.

Je me rendis donc dans une bibliothèque publique qui avait reçu de la munificence de Son Excellence le ministre un exemplaire de cette correspondance. Là on me mit en présence de quinze énormes volumes déjà publiés par cette Commission qui, d'après les ordres de Sa Majesté Napoléon III, *s'était interdit toute altération, tout retranchement, toute modification de texte*, et cette publication n'avait pas encore donné la moitié peut-être des lettres de Napoléon Ier, car elle s'arrêtait à la fin d'août 1807.

Je remarquai d'abord que pas un feuillet de ces quinze volumes n'avait été coupé. Le Français du dix-neuvième siècle dit encore comme le bon la Fontaine :

Les longs ouvrages me font peur.

J'hésitai un moment devant la longueur de la tâche, mais prenant ma résolution, je commençai à lire. Je fus saisi bientôt par un puissant intérêt, j'éprouvai une surprise, une émotion croissantes, et je dévorai les quinze gros volumes. C'est que cette lecture fut pour moi toute une révélation ; je connaissais comme tout le monde le Napoléon incomplet, faux, défiguré, que l'on voit dans nos histoires ; je voyais enfin tout entier le vrai Napoléon. Je me dis en finissant ma lecture : Toutes les histoires de Napoléon sont à refaire.

Si l'illustre auteur de la *Vie de Jules César* avait pu

découvrir quelque part la correspondance journalière,
complète de son héros, avec quel bonheur, quelle avi-
dité il aurait lu et relu ces témoignages irrécusables
des pensées, du caractère, des projets, des passions
du fondateur de l'empire romain ! Ces lettres auraient
peut-être rectifié plus d'une erreur, modifié plus d'un
jugement, fait naître bien des idées nouvelles. Ces
vives lumières, que l'illustre écrivain n'a pas trouvées
pour l'éclairer dans son histoire de Jules César, il a
voulu en faire jouir les futurs historiens du fondateur
de l'empire français. Mais ce ne sont pas seulement les
hommes de lettres, c'est la France elle-même qui doit à
Napoléon III de la reconnaissance pour avoir mis en
action cette belle maxime qui commence l'histoire de
Jules César : « La vérité historique devrait être non
moins sacrée que la religion, » pour lui avoir fait connaître Napoléon Ier tel qu'il était.

Je reviens à mon étude.

XII

CLERGÉ — RELIGION — PAPE

A M. FOUCHÉ

Trèves, 15 vendémiaire an XIII (7 octobre 1804).

« J'ai lu avec attention le rapport du préfet de police
sur l'exécution du décret du 3 messidor an XII, relatif
aux corporations religieuses. Mon but principal a été
d'empêcher les jésuites de s'établir en France. Ils
prennent toutes sortes de figures. Je ne veux ni Cœur
de Jésus, ni confrérie de Saint-Sacrement, ni rien de
ce qui ressemble à une organisation de milice religieuse, et sous aucun prétexte je n'entends faire un pas
de plus ni avoir d'autres ecclésiastiques que des prêtres

séculiers. Mon intention également est de ne point vouloir de couvents de religieuses, mais sur ce point je ne vois point d'inconvénients à ce que les anciennes religieuses finissent leur vie en commun et portent sur elles les habits qu'elles veulent, mais qu'elles ne fassent pas de novices et n'aillent point dans la rue avec leurs habits, j'en excepte les sœurs de charité, je les autorise même à établir des noviciats pour s'y recruter. Il y a donc deux précautions à prendre pour ces religieuses ; la première de les connaître et de les bien surveiller pour s'assurer qu'elles ne sont point dirigées par des prêtres qui ne sont pas dans la communion de leur évêque, car toute société qui s'écarterait de cette voie doit être frappée impitoyablement, elle est dans le chemin du crime ; elle est dans les mains des scélérats, et il y a tout à craindre de la part de filles mal conduites. La seconde est de veiller à ce qu'elles ne fassent pas de novices et cela a quelques difficultés. Je vois, par exemple, que les religieuses de la Miséricorde, rue de Lachaise n° 529, forment des élèves, comment distinguer une élève d'une novice? Mon intention est qu'on s'assure : 1° Que les élèves ne puissent porter un habit religieux et soient vêtues d'un habit ordinaire : 2° Qu'elles ne puissent pas avoir au delà de dix-huit ans. Toutes celles donc qui auraient plus de dix-huit ans doivent être renvoyées de ces maisons. Mon intention est qu'on les prévienne de sortir sous six mois, sous peine de voir la maison fermée et l'établissement dispersé.

« NAPOLÉON. »

Tome X, page 15.

A M. TALLEYRAND

Trèves, 15 vendémiaire an XIII (7 octobre 1804).

« Je désire que vous écriviez en Espagne pour faire connaître que je verrais avec peine le rétablissement des jésuites ; que je ne le souffrirai jamais en France ni dans la république italienne ; que j'ai lieu de penser, d'après la nature de nos relations, que l'Espagne restera ferme dans les mêmes principes, mais que je désire en avoir l'assurance. Écrivez la même chose à la reine d'Étrurie.

« NAPOLÉON. »

Page 18.

A M. CHAMPAGNY

Camp de Boulogne, 18 thermidor an XIII (6 août 1805).

« Plusieurs préfets ont écrit et imprimé des circulaires pour défendre de danser près des églises. Je ne sais où cela conduit. La danse n'est pas un mal. Veut-

on nous ramener au temps où l'on défendait aux villa-
geois de danser? Je suis fâché que M. Bureaux de Pusy,
qui, plusieurs fois, s'est tenu trop loin de la ligne
religieuse, s'en tienne trop près aujourd'hui. MM. les
vicaires pouvaient dire ce qu'ils auraient voulu. Si l'on
croyait tout ce que diraient les évêques, il faudrait
défendre les bals, les spectacles, les modes, et faire de
l'empire un grand couvent. Faites sentir par une instruction secrète, que l'autorité civile ne doit point se
mêler de ces choses-là, et écrivez particulièrement sur
ce sujet à M. Bureaux de Pusy et aux préfets qui auraient
donné ou suivi cet exemple.

« NAPOLÉON. »

Tome XI, page 67.

AU CARDINAL FESCH

Munich, 7 janvier 1806.

« Le pape m'a écrit, en date du 15 novembre, la
lettre la plus ridicule, la plus insensée : ces gens me
croyaient mort. J'ai occupé la place d'Ancône parce
que, malgré vos représentations, on n'avait rien fait
pour la défendre et que d'ailleurs on est si mal organisé, que quoi qu'on eût fait, on aurait été hors d'état
de la défendre contre personne. Faites bien connaître
que je ne souffrirai plus tant de railleries; que je ne

veux point à Rome de ministre de Russie ni de Sardaigne. Mon intention est de vous rappeler et de vous remplacer par un séculier. Puisque ces imbéciles ne trouvent pas d'inconvénient à ce qu'une protestante puisse occuper le trône de France, je leur enverrai un ambassadeur protestant. Dites à Consalvi que s'il aime sa patrie, il faut qu'il quitte le ministère ou qu'il fasse ce que je demande; que je suis religieux, mais ne suis point cagot, que Constantin sépara le civil du militaire et que je puis aussi nommer un sénateur pour commander en mon nom dans Rome. Il leur convient bien de parler de religion, eux qui ont admis les Russes et qui ont rejeté Malte et qui veulent renvoyer mon ministre. Ce sont eux qui prostituent la religion. Dites à Consalvi, dites même au pape que puisqu'il veut chasser mon ministre de Rome, je pourrai bien aller l'y rétablir. On ne pourra donc rien faire de ces hommes-là que par la force? Ils laissent périr la religion en Allemagne, ne voulant rien terminer par le concordat, ils la laissent périr en Bavière, en Italie, ils deviennent la risée des cours et des peuples. Ils croyaient donc que les Russes, les Anglais, les Napolitains auraient respecté la neutralité du pape? Pour le pape je suis Charlemagne parce que comme Charlemagne je réunis la couronne de France à celle des Lombards, et que mon empire confine avec l'Orient. J'entends donc qu'on règle avec moi sa conduite sur ce point de vue.

12.

Je ne changerai rien aux apparences si l'on se conduit
bien; autrement je réduirai le pape à être évêque de
Rome... Il n'y a rien en vérité d'aussi déraisonnable
que la cour de Rome.

« NAPOLÉON. »

Tome XI, page 528.

A SA SAINTETÉ LE PAPE

Paris, 15 février 1806.

« ... Toute l'Italie sera soumise sous ma loi. Je ne
toucherai rien à l'indépendance du Saint-Siége ; je lui
ferai même payer les dépenses que lui occasionneraient
les mouvements de mon armée, mais nos conditions
doivent être que Votre Sainteté aura pour moi, dans le
temporel, les mêmes égards que je lui porterai pour le
spirituel et qu'elle cessera des ménagements inutiles
envers des hérétiques ennemis de l'Église et envers des
puissances qui ne peuvent lui faire aucun bien. Votre
Sainteté est souveraine dans Rome, mais j'en suis l'Empereur. Tous mes ennemis doivent être les siens. Il
n'est donc pas convenable qu'aucun agent du roi de
Sardaigne, aucun Anglais, aucun Russe ou Suédois
réside à Rome ou dans vos États, ni qu'aucun bâti-
ment appartenant à ces puissances entre dans vos
ports.....

« NAPOLÉON. »

Tome XII, page 58.

AU CARDINAL FESCH

Paris, 13 février 1806.

« …Je donne ordre au prince Joseph de vous prêter main forte et je vous rends responsable de l'exécution de ces deux points : 1° l'expulsion des Anglais, Russes, Suédois et Sardes de Rome et de l'État Romain ; 2° l'interdiction des ports aux navires de ces puissances. Dites bien que j'ai les yeux ouverts, que je ne suis trompé qu'autant que je le veux bien, que je suis Charlemagne, l'épée de l'Église, leur empereur, que je dois être traité de même ; qu'ils ne doivent pas savoir s'il y a un empire de Russie. Je fais connaître au pape mes intentions en peu de mots. S'il n'y acquiesce pas, je le réduirai à la même condition qu'il était avant Charlemagne.

« NAPOLÉON. »

Page 40.

A LA PRINCESSE ÉLISA

(GRANDE-DUCHESSE DE LUCQUES)

Saint-Cloud, 17 mai 1806.

« Ma sœur, j'ai reçu vos lettres. N'exigez aucun serment des prêtres. Cela n'aboutit à rien qu'à faire naître des difficultés. Allez votre train, supprimez les couvents. Du reste, marchez prudemment et ne vous aliénez pas l'esprit de vos peuples...

« NAPOLÉON. »

Tome XII, page 578.

A LA PRINCESSE ÉLISA

Saint-Cloud, 24 mai 1806.

« Ma sœur, je reçois votre lettre. Le bref du pape n'est rien, tant qu'il restera secret dans vos mains. Ne perdez pas un moment, une heure, pour réunir tous les biens des couvents au domaine. Chargez mon ministre de se rendre chez l'archevêque. Il lui dira que je suis instruit de ce qui se passe, que ce ne sera pas le concordat de mon royaume d'Italie, mais celui de France que je ferai publier dans la principauté de Lucques ; que non-seulement on s'emparera des biens des moines, mais encore de ceux du clergé séculier, et qu'on le mettra à la pension. Si l'on ne se prête pas de bonne grâce et s'il y a le moindre désordre, je ferai avancer une division française. N'exigez aucun serment des prêtres. Ne vous mêlez dans aucun dogme. Emparez-vous des biens des moines, c'est là le principal.

« NAPOLÉON. »

Page 595.

AU ROI DE NAPLES

5 juin 1806, 11 heures du matin.

« La conduite de la cour de Rome est marquée au coin de la folie. J'ai voulu lui faire sentir par un premier coup ce qu'elle avait à craindre de moi, et d'ailleurs j'ai pensé qu'en tout état de choses, les enclaves de Bénévent et de Ponte-Corvo ne pouvaient être que des sujets de troubles pour votre royaume. J'en ai fait deux duchés, celui de Bénévent pour Talleyrand, celui de Ponte-Corvo pour Bernadotte. »

Page 452.

NOTE POUR LE MINISTRE DE L'INTÉRIEUR

Saint-Cloud, 25 juin 1806.

« Sa Majesté désire que le ministre de l'intérieur témoigne son mécontentement au préfet du département du Pô de ce qu'il n'est point allé à la procession de la Fête-Dieu.

« Si, comme on dit, le préfet est protestant, il est nécessaire de lui faire connaître que c'est une raison pour se montrer plus facile en matières qui touchent à la religion.

« NAPOLÉON. »

Page 487.

DÉCRET

Saint-Cloud, 5 juillet 1806.

« ART. 1. — L'ordre des jésuites est supprimé dans les États de Parme.

« ART. 2. — Tous les individus de cet ordre, qui ne sont pas nés dans lesdits États, seront obligés de les évacuer; ceux qui y sont nés seront mis à la pension; et il leur sera défendu de porter un autre habit que celui des ecclésiastiques séculiers.

« NAPOLÉON. »

Tome XII, page 509.

A M. PORTALIS

MINISTRE DES CULTES

Saint-Cloud, 26 juillet 1806.

« ... Mon intention étant aussi que le catéchisme paraisse sans délai et qu'il soit distribué avant le 10 du mois d'août, je désire que vous m'en présentiez mercredi le premier exemplaire.

« NAPOLÉON. »

Tome XIII, page 5.

NOTE POUR LE MINISTRE DES CULTES

Saint-Cloud, 30 juillet 1806.

« Il faut coordonner les séminaires diocésains avec les séminaires métropolitains.

« Les séminaires diocésains doivent appartenir à l'évêque; être sous sa direction immédiate et ne rien coûter à l'État, on ne doit y prendre aucun grade, mais seulement entrer dans les ordres.

« Les séminaires métropolitains doivent être considérés sous deux rapports différents : 1" comme écoles spéciales de théologie ; 2" comme séminaires.

« Comme écoles spéciales de théologie, et ayant le droit de conférer les grades, ils doivent être regardés comme membres de l'Université impériale. Le grand maître et le conseil auront droit d'expédier les grades, ainsi qu'ils le font pour les facultés de jurisprudence, de sciences, de belles-lettres et arts. Il paraît que cette sorte de dépendance ne sera pas une innovation.

« Comme séminaires, les séminaires métropolitains se trouvent sous la direction de l'autorité ecclésiastique, c'est-à-dire de l'archevêque.

« Quand un élève d'un séminaire diocésain voudra prendre ses grades, il se présentera à l'école spéciale de théologie qui fera partie du séminaire métropolitain. Il subira ses examens, et son brevet lui sera conféré par les officiers de l'Université impériale. Cette marche aura cet avantage que si un séminaire métropolitain avait adopté des principes contraires à l'autorité de l'État, un corps rival pourrait intervenir et refuser les grades...

« Si on pose en principe que pour être chanoine, vicaire général ou évêque, il faut être reçu licencié ou docteur, que pour être curé de première classe il faut être bachelier, il s'ensuivra qu'un homme qui, pour être prêtre, n'aura été sous aucune autre dépendance que celle de ses supérieurs ecclésiastiques, ne pourra avoir les grades nécessaires pour occuper des places du premier rang dans le ministère des cultes, que si l'Université impériale les lui confère; ce qu'elle pourra refuser dans le cas où il serait connu pour avoir des idées ultramontaines ou dangereuses à l'autorité.

« Ces bases générales établies, il faudra déterminer l'âge de l'admission dans les séminaires diocésains. Il faudra examiner aussi si l'on permettra d'y établir des écoles où les enfants soient admis pour y apprendre les éléments du latin, ce qui ne paraît pas nécessaire...

« Le but principal de ces observations est d'éviter l'inconvénient d'avoir deux corps enseignants qui se placeraient en concurrence et probablement en opposition.

« Des prêtres ne doivent pas avoir de collége, et un petit séminaire serait un véritable collége...

« NAPOLÉON. »

Tome XIII, page 14.

AU PRINCE EUGÈNE

Saint-Cloud, 7 août 1806.

« Mon fils, je vous envoie un exemplaire du catéchisme qui vient d'être adopté pour toute la France ; s'il pouvait sans inconvénient l'être pour le royaume d'Italie, ce serait un grand bien ; mais ce sont des matières très-délicates sur lesquelles il faut être très-circonspect. Consultez le ministre des cultes. Le mieux serait que quelque évêque le publiât dans son diocèse comme catéchisme diocésain, mais il faut mettre à cela beaucoup de prudence et de secret.

« NAPOLÉON. »

Page 56.

Quel était donc ce catéchisme auquel Napoléon attachait tant d'importance et qui devenait une affaire d'État ?

Un décret du 4 avril précédent était ainsi conçu :

« ARTICLE 1. — En exécution de l'article 39 de la loi

13

du 18 germinal an X, le catéchisme annexé au présent décret, approuvé par Son Éminence le cardinal légat, sera publié et seul en usage dans toutes les églises catholiques de l'empire.

« Art. 2. — Notre ministre des cultes surveillera l'impression de ce catéchisme, et, pendant l'espace de dix années, il est spécialement autorisé à prendre à cet effet toutes les précautions qu'il jugera nécessaires.

« Art. 3. — Le présent décret sera imprimé en tête de chaque exemplaire du catéchisme et inséré au *Bulletin des lois.*

« NAPOLÉON.

« Par l'empereur :

« *Le secrétaire d'État,*

« HUGUES B. MARET. »

Toutefois ce décret ne fut pas immédiatement exécuté ; les évêques hésitaient à adopter ce catéchisme imposé qui leur semblait une usurpation de leurs droits sacrés ; mais le maître voulut être obéi, et le cardinal archevêque de Paris ordonna la publication de ce catéchisme dans son diocèse par un mandement du 12 août

1806 ; les autres évêques de l'empire suivirent son exemple [1].

[1] J'ai là sous les yeux un arrêté du ministre des cultes, Portalis, imprimé en tête du catéchisme, qui concède à trois libraires l'impression et la vente du *Catéchisme à l'usage de toutes les églises de l'Empire français*. L'article II est ainsi conçu :

« Ils sont pleinement autorisés à prendre à cet effet, avec les imprimeurs et les libraires de MM. les archevêques et évêques, tel arrangement qu'ils aviseront bon être, pourvu que tous les exemplaires qui seront mis en vente par eux, leurs ayants cause, correspondants ou commissionnaires, soient revêtus de la griffe d'un commis vérificateur de l'impression, nommé par nous ; voulant par ce moyen empêcher toutes contrefaçons et nous assurer que le texte du catéchisme ne sera ni altéré ni changé. »

Tous les exemplaires de ce catéchisme portent en effet la griffe de Maurice, commis vérificateur nommé par le ministre.

J'ai aussi sous les yeux un *Avertissement* donné le 20 octobre 1806, par L. Ap. de la Tour du Pin Montauban, archevêque-évêque de Troyes, ainsi conçu :

« Les dispositions relatives à la publication du *Catéchisme à l'usage de toutes les églises de l'Empire* ayant été faites à Paris, nous n'avons pu être informé que très-tard des conditions de la vente et de la distribution. Voulant prévenir de nouveaux délais, suite nécessaire du mode d'impression qui a été préféré pour rendre impossible toute altération dudit catéchisme, nous avons pris le parti d'adopter le mandement de Son Ém. monseigneur le cardinal de Belloy, archevêque de Paris, métropolitain de cette province ecclésiastique.

« Les imprimeurs que nous avons choisis pour le débit du catéchisme sont MM... Ils ne le pourront vendre plus de 70 centimes ou 14 sous, c'est le prix fixé à Paris par Son Ex. monseigneur le ministre des affaires concernant le culte catholique.

« Tout étant ainsi réglé et prévu autant qu'il a dépendu de nous, pour éviter des retards, nous ordonnons que le *Catéchisme à l'usage de toutes les églises de l'Empire* soit seul enseigné dans l'étendue de notre diocèse. »

Voici comment s'exprime ce catéchisme à propos du quatrième commandement de Dieu :

« DEMANDE : *Quels sont les devoirs des chrétiens à l'égard des princes qui les gouvernent, et quels sont, en particulier, nos devoirs envers Napoléon Ier, notre empereur ?*

« RÉPONSE : Les chrétiens doivent aux princes qui les gouvernent et nous devons en particulier à Napoléon Ier, notre empereur, l'amour, le respect, l'obéissance, la fidélité, le service militaire, les tributs ordonnés pour la conservation et la défense de l'empire et de son trône, nous lui devons encore des prières ferventes pour son salut et pour la prospérité spirituelle et temporelle de l'État.

« D. : *Pourquoi sommes-nous tenus de tous ces devoirs envers notre empereur ?*

« R. : C'est premièrement parce que Dieu, qui crée les empires et les distribue selon sa volonté, en comblant notre empereur de dons, soit dans la paix, soit dans la guerre, l'a établi notre souverain, l'a rendu le ministre de sa puissance et son image sur la terre. Honorer et servir notre empereur est donc honorer et servir Dieu même. Secondement, parce que Notre Seigneur Jésus-Christ, tant par sa doctrine que par ses exemples, nous a enseigné lui-même ce que nous devons à notre souverain ; il est né en obéissant à l'édit de César-Auguste, il a payé l'impôt prescrit ; et de même qu'il a ordonné de rendre à Dieu ce qui appartient à Dieu, il a aussi ordonné de rendre à César ce qui appartient à César.

« D. : *N'y a-t-il pas de motifs particuliers qui doivent plus fortement nous attacher à Napoléon Ier, notre Empereur ?*

« R. : Oui ; car il est celui que Dieu a suscité dans les circonstances difficiles pour rétablir le culte public de la religion sainte de nos pères et pour en être le protecteur. Il a ramené et conservé l'ordre public par sa sagesse profonde et active ; il défend l'État par son bras puissant ; il est devenu l'oint du Seigneur par la consécration qu'il a reçue du souverain pontife, chef de l'Église universelle.

« D. : *Que doit-on penser de ceux qui manqueraient à leur devoir envers notre empereur ?*

« R. : Selon l'apôtre saint Paul ils résisteraient à l'ordre établi de Dieu même et se rendraient dignes de la damnation éternelle.

« D. : *Les devoirs dont nous sommes tenus envers notre empereur nous lieraient-ils également envers ses*

*successeurs légitimes dans l'ordre établi dans les con-
stitutions de l'empire?*

« R. : Oui, sans doute; car nous lisons dans la sainte Écriture que Dieu, seigneur du ciel et de la terre, par une disposition de sa volonté suprême et par sa providence, donne les empires non-seulement à une personne en particulier, mais aussi à sa famille[1]. »

DÉCISION

EN RÉPONSE À UN RAPPORT QUI COMMENÇAIT AINSI :

« Sire, plusieurs évêques de l'empire m'ont adressé
« des représentations sur la manière peu décente avec
« laquelle on chôme dans certaines communes les fêtes
« consacrées par le concordat. »

[1] En tête du catéchisme on lit l'avis suivant :

« On trouvera dans ce catéchisme les demandes les plus nécessaires à savoir, marquées d'un astérisque, et les catéchistes pourront se dispenser d'apprendre aux enfants les moins intelligents les demandes qui n'ont pas cette marque. Quand l'astérisque est mis en tête d'une leçon, il signifie que toutes les demandes de cette leçon doivent être apprises. »

En tête de la leçon où se trouvent les devoirs envers Napoléon on voit briller un astérisque.

Osterode, 5 mars 1807.

« Il est contraire au droit divin d'empêcher l'homme qui a des besoins, le dimanche comme les autres jours de la semaine, de travailler le dimanche pour gagner son pain.

« D'ailleurs, le défaut du peuple en France n'est pas de trop travailler. La police et le gouvernement n'ont donc rien à faire là-dessus.

« Dieu a fait aux hommes une obligation du travail, puisqu'il n'a permis qu'aucun des fruits de la terre leur fût accordé sans travail. Il a voulu qu'ils travaillassent chaque jour, puisqu'il leur a donné des besoins qui renaissent tous les jours. Il faut distinguer, dans ce qui est prescrit par le clergé, les lois véritablement religieuses et les obligations qui n'ont été imaginées que dans la vue d'étendre l'autorité des ministres du culte.

« La loi religieuse veut que les catholiques aillent tous les dimanches à la messe, et le clergé, pour étendre son autorité, a voulu qu'aucun chrétien ne pût, sans sa permission, travailler le dimanche. Cette permission il l'accordait ou la refusait à son gré pour constater son pouvoir, et l'on sait que, dans beaucoup de pays, on l'obtenait avec de l'argent. Encore une fois, ces pratiques étaient superstitieuses et plus faites pour nuire à la véritable religion que pour la servir.

« N'est-ce pas Bossuet qui disait : « Mangez un bœuf « et soyez chrétien? » L'observance du maigre le vendredi et celle du repos le jour du dimanche ne sont que des règles très-secondaires et très-insignifiantes. Ce qui touche essentiellement aux commandements de l'Église c'est de ne pas nuire à l'ordre social, c'est de ne pas faire de mal à son prochain, c'est de ne pas abuser de la liberté. Il ne faut pas raisonner mais se moquer des prêtres qui demandent de tels règlements.

« Puisqu'on invoque l'autorité sur cette matière, il faut donc qu'elle soit compétente. Je suis l'autorité et je donne à mes peuples, et pour toujours, la permission de ne point interrompre leur travail.

« Si je devais me mêler de ces objets, je serais plutôt disposé à ordonner que le dimanche, passé l'heure des offices, les boutiques fussent ouvertes, et tous les ouvriers rendus à leur travail.

« Napoléon. »

Tome XIV, page 574.

AU PRINCE EUGÈNE

Finkenstein, 5 avril 1807.

« Mon fils, je reçois votre lettre du 8 mars, relative aux tracasseries de la cour de Rome. J'imagine que les évêques que j'ai nommés touchent leurs revenus. Il faut leur écrire qu'ils se rendent dans leurs diocèses, et qu'ils prennent en main l'administration, si leur conscience ne leur permet pas d'y exercer leurs fonctions épiscopales.

« Je vous envoie une lettre au Saint-Père que vous ferez passer à Rome. Après cela, s'il ne revient pas, il n'en faut plus parler. En temps et lieu je ferai repentir la cour de Rome de sa mauvaise conduite; mais ce n'est pas le moment.

« NAPOLÉON.

« Toutes réflexions faites, je n'écrirai pas au pape. Je ne veux pas me jeter dans les tracasseries avec ces nigauds, le plus court est de s'en passer. »

Tome XV, page 17.

AU ROI DE NAPLES

Finkenstein, 14 avril 1807.

« ... Je vous dirai que je n'ai pas été extrêmement content du préambule de la suppression des couvents. Pour ce qui regarde la religion, il faut que le langage soit pris dans l'esprit de la religion et non dans celui de la philosophie... Le préambule de la suppression des

moines aurait été bien, s'il avait été dans le style des
moines… Il fallait dire que le grand nombre des moines
rendait leur existence difficile, que la dignité de l'État
veut qu'ils aient de quoi vivre. De là la nécessité d'une
réforme ; qu'il est une partie qu'il faut conserver parce
qu'elle est nécessaire pour l'administration des sacre-
ments, qu'il est une partie à réformer, etc., etc… Les
hommes supportent le mal, lorsqu'on n'y joint pas l'insulte, et lorsque les ennemis de l'État ne se montrent
pas avoir porté le coup. Or, les ennemis de l'État des
moines sont les hommes de lettres et les philosophes.
Vous savez que je ne les aime pas non plus, puisque
je les ai détruits partout…

« NAPOLÉON. »

Tome XV, page 74.

AU PRINCE EUGÈNE

Dresde, 22 juillet 1807.

« Mon fils, j'ai reçu la lettre du pape que vous m'a-
vez transmise. Répondez à Sa Sainteté à peu près dans
les termes suivants :

« Très-Saint Père, j'ai mis la lettre de Votre Sainteté
sous les yeux de l'empereur, mon très-honoré père
et souverain, qui m'a répondu de Dresde une longue
lettre dont je communiquerai à Votre Sainteté un ex-

trait pour lui faire connaître les sentiments de Sa Majesté et ne lui rien cacher sur la situation actuelle des affaires qu'un peu de charité, de prudence et de réflexion arrangerait facilement...

« Mon fils, j'ai vu dans la lettre de Sa Sainteté, que
« certainement elle n'a pas écrite, qu'elle me menace.
« Croit-elle donc que les droits du trône sont moins
« sacrés aux yeux de Dieu que ceux de la tiare. Il y
« avait des rois avant qu'il y eût des papes. Ils veulent,
« disent-ils, publier tout le mal que je fais à la reli-
« gion. Les insensés! Ils ne savent pas qu'il n'y a pas
« un coin du monde, en Allemagne, en Italie, en Po-
« logne, où je n'aie fait encore plus de bien à la reli-
« gion que le pape n'y a fait de mal, non par mau-
« vaise intention, mais par les conseils irascibles de
« quelques hommes bornés qui l'entourent. Ils veulent
« me dénoncer à la chrétienté! Cette ridicule pensée
« ne peut appartenir qu'à une profonde ignorance du
« siècle où nous sommes; il y a une erreur de mille
« ans de date. Le pape qui se porterait à une telle dé-
« marche cesserait d'être pape à mes yeux. Je ne le
« considérerais que comme l'antéchrist envoyé pour
« bouleverser le monde. Que veut faire Pie VII en me
« dénonçant à la chrétienté? Mettre mes trônes en in-
« terdit, m'excommunier? Pense-t-il que les armes
« tomberont des mains de mes soldats? Et mettre le
« poignard aux mains de mes peuples pour m'égorger?

« Cette infâme doctrine, des papes furibonds et nés
« pour le malheur des hommes l'ont prêchée. Il ne
« resterait plus au Saint-Père qu'à me faire couper les
« cheveux et enfermer dans un monastère. Croit-il
« notre siècle revenu à l'ignorance et à l'abrutisse-
« ment du neuvième siècle? Me prend-il pour Louis le
« Débonnaire?...

« Le pape actuel s'est donné la peine de venir à mon
« couronnement à Paris ; j'ai reconnu à cette démarche
« un saint prélat, mais il voulait que je lui cédasse les
« Légations; je n'ai pu ni voulu le faire. Le pape actuel
« est trop puissant : les prêtres ne sont pas faits pour
« gouverner...

« Certes, je commence à rougir et à me sentir hu-
« milié de toutes les folies que me fait endurer la cour
« de Rome, et peut-être le temps n'est-il pas éloigné,
« si l'on veut continuer à troubler les affaires de mes
« États, où je ne reconnaîtrai le pape que comme
« évêque de Rome, comme égal et au même rang que
« les évêques de mes États. Je ne craindrai pas de
« réunir les églises gallicane, italienne, allemande, po-
« lonaise dans un concile pour faire mes affaires sans
« pape. En un mot, c'est pour la dernière fois que
« j'entre en discussion avec cette prêtraille romaine,
« on peut la mépriser et la méconnaître et être con-
« stamment dans la voie du salut et dans l'esprit de la
« religion... »

« Très-Saint Père, cette lettre n'était pas faite pour être mise sous les yeux de Votre Sainteté. Je la conjure de finir toutes ces discussions, d'éloigner d'elle les conseils perfides d'hommes irascibles qui, s'aveuglant sur les circonstances et sur les vrais intérêts de la religion, ne sont animés que par de petites passions.

« Que Votre Sainteté réfléchisse qu'elle est responsable des désordres que veulent commettre dans l'Église de France les Antonelli, les Pietro et les autres prélats italiens pour qui le bouleversement n'est pas un sujet d'inquiétude ; qu'elle aura à se repentir de la nouvelle scission qui va se préparer en Occident : que la France, l'Italie, le royaume de Naples, la confédération du Rhin seront, non séparés de principe, mais affranchis de l'influence de la cour de Rome, et que le pape se trouvera seul et n'ayant de communication qu'avec la plus petite partie de la chrétienté. Cette sujétion des Églises à celle de Rome n'est en rien dans les dogmes de la religion, surtout en France, où l'on ne croit pas à l'infaillibilité du pape, mais de l'Église réunie, et certes les cardinaux Antonelli et Pietro ne forment pas l'Église réunie du monde.

« Que Votre Sainteté voie ce qui se passe à Dresde par l'effet de la souveraineté de l'empereur. Le roi et les catholiques ont été arrachés à l'influence luthérienne. Dans la ville de Dresde, les cloches ont été rat-

tachées aux clochers. En Pologne, l'Église sort du joug
des protestants. Tant de services rendus à la religion
par ce souverain sont encore sans exemple dans les
annales du monde. Cependant, par les conseils des
Pietro et des Antonelli, Votre Sainteté se trouve sépa-
rée de son plus ferme appui, de celui qui donne le
plus grand éclat à notre sainte religion. On veut lutter
de puissance et, j'ose dire d'orgueil, avec un souverain que nous ne pouvons comparer qu'à Cyrus et à
Charlemagne. Était-ce ainsi qu'en agissaient envers
Cyrus le patriarche de Jérusalem et envers Charlemagne les pontifes qui régnaient de son temps à Rome?
L'empereur le dit lui-même dans sa lettre : « Les in-
« sensés! Ils veulent me traiter comme Louis le Dé-
« bonnaire, ou m'excommunier comme Philippe le
« Bel! » Dans le fond, il n'y a dans tout ceci que fort
peu de choses à faire, mais il n'est pas juste que les
mouches s'attachent au lion et le piquent à petits
coups d'aiguillon ; elles percent à peine sa peau, mais
enfin elles l'irritent. Où est donc la douceur évangé-
lique, la charité chrétienne, la prudence, la politique
de la cour de Rome?

« Les mauvais conseillers de Sa Sainteté ont déjà
troublé son repos. Ils sont sur le point de convertir le
plus beau pontificat que l'histoire nous offre depuis
saint Pierre, en un pontificat le plus ruineux et le plus
désastreux pour Rome... »

« Vous enverrez cette lettre au pape, et vous me préviendrez quand M. Alquier l'aura remise.

« NAPOLÉON. »

Tome XV, page 141.

Tout le monde sait que Napoléon s'empara en 1809 des États de l'Église et retint le pape prisonnier jusqu'en 1814, à la chute de l'empire.

XII.

MANIÈRE D'AGIR DE NAPOLÉON
AVEC LES PETITS ÉTATS ET MÊME AVEC LES GRANDS,
AVEC SES ENNEMIS ET MÊME AVEC SES ALLIÉS

AU CITOYEN TALLEYRAND

MINISTRE DES RELATIONS EXTÉRIEURES

Paris, 19 ventôse an IX (10 mars 1801).

« La maison Chapeaurouge de Hambourg, citoyen ministre, nous doit quatre millions.

« Ces quatre millions ont été volés par cette maison à la République avec une infâme impudence ; le rapport ci-joint du ministre des finances, l'arrêté de la comptabilité intermédiaire, la lettre même de Chapeaurouge, vous mettront au fait de cette affaire.

« Je désire que vous expédiiez un courrier à Hambourg en envoyant toutes les pièces, avec une lettre aux magistrats de Hambourg, à peu près conçue en ces termes :

« La maison Chapeaurouge a volé à la République
« française quatre millions. Le premier consul me
« charge de vous expédier toutes les pièces de cette
« affaire. Il ne la regarde pas comme susceptible d'être
« décidée par les lenteurs ordinaires de la justice.
« C'est un fait matériel d'où il résulte quatre millions
« de perte pour la République. Il espère que les ma-
« gistrats de Hambourg lui feront rendre justice ; il
« remet les pièces et la créance entre leurs mains,
« mais il veut deux millions dans le courant de ger-
« minal, et des obligations pour les deux autres dans
« le courant de fructidor. »

« Le courrier remettra directement ces dépêches aux magistrats de Hambourg, à quelque heure qu'il arrive de la nuit, il déclarera qu'il a ordre de séjourner soixante-douze heures à Hambourg, au bout duquel temps il reviendra...

« BONAPARTE. »

Tome VII, page 78.

AU CITOYEN TALLEYRAND
MINISTRE DES RELATIONS EXTÉRIEURES

Saint-Cloud, 1er vendémiaire an XI (23 septembre 1802).

« ...Je ne vois pas de milieu entre un gouvernement Suisse, solidement organisé et ami de la France, ou point de Suisse...

« BONAPARTE. »

Tome VIII. page 45.

Le 21 septembre, le général Ney entrait à Bâle à la tête de douze mille hommes, et quelques jours après les Suisses recevaient la proclamation suivante :

AUX DIX-HUIT CANTONS DE LA RÉPUBLIQUE HELVÉTIQUE

Saint-Cloud, 8 vendémiaire an XI (30 septembre 1802).

« Habitants de l'Helvétie, vous offrez depuis deux ans un spectacle affligeant...

« Mais je ne puis ni ne dois rester insensible au malheur auquel vous êtes en proie; je serai le médiateur de vos différends. Mais ma médiation sera efficace, telle qu'il convient aux grands peuples au nom desquels je parle.

« Il n'est aucun homme sensé, qui ne voie que la médiation dont je me charge, est pour l'Helvétie un bienfait de cette Providence qui, au milieu de tant de bouleversements et de chocs, a toujours veillé à l'existence et à l'indépendance de votre nation, et que cette médiation est le seul moyen qui vous reste pour sauver l'une et l'autre. Car il est temps enfin que vous sachiez que, si le patriotisme et l'union de vos ancêtres fondèrent votre république, le mauvais esprit de vos factions, s'il continue, la perdra infailliblement, et il serait pénible de penser qu'à une époque où plusieurs nouvelles républiques se sont élevées, le destin eût marqué la fin d'une des plus anciennes.

« BONAPARTE. »

Page 55.

AU CITOYEN TALLEYRAND

MINISTRE DES RELATIONS EXTÉRIEURES

Dieppe, 20 brumaire an XI (11 novembre 1802).

« Je vous envoie, citoyen ministre, les pièces relatives aux affaires de Suisse. Je vois avec peine que l'on n'ait pas adopté la mesure que j'avais prescrite de déclarer une vingtaine d'individus comme ne devant plus être employés. Si le général Ney trouve des difficultés à faire faire cette opération par le Sénat, il faut qu'il envoie les noms des vingt individus qui passent pour ennemis de la France et les fasse arrêter comme otages.

« BONAPARTE. »

Tome VIII, page 94.

AU MARÉCHAL BERTHIER

Dunkerque, 19 thermidor an XII (7 août 1804).

« Mon cousin, mon intention est que vous écriviez au général Bernadotte (commandant en chef l'armée du Hanovre), pour qu'il fasse rappeler de Ratisbonne M. de Reden et que si cette personne ne revient pas en Hanovre, ses biens soient confisqués. Il convient que les États sachent mon mécontentement de la conduite de M. de Reden à Ratisbonne. Ils diront qu'ils n'y peuvent rien, mais il ne faut tenir nul compte d'une pareille réponse...

« NAPOLÉON. »

Tome IX, page 457.

A M. FOUCHÉ

Trèves, 15 vendémiaire an XIII (7 octobre 1804).

« Monsieur Fouché, ministre de la police générale, immédiatement après l'affaire de Drake, lord Hawkes-

bury eut l'imbécillité de faire une circulaire pour justifier auprès des cabinets de l'Europe la conduite de ce
ministre. Pour faire ressortir davantage le ridicule et
l'atrocité des principes qu'il y avançait, mon intention
était d'envoyer aux mêmes cabinets la circulaire avec
une réponse. J'ai mieux pensé depuis. Je désire faire
enlever le ministre Anglais à Hambourg, ainsi que ses
papiers, et immédiatement après je ferai notifier cet
enlèvement aux cours de l'Europe, en le justifiant
d'après la note de lord Hawkesbury. On m'assure qu'il
est logé sur la rivière. Il serait facile au général Bernadotte de le faire enlever. Écrivez-lui dans ce sens et
causez avec M. Lachevardière, que je crois à Paris et
qui doit connaître la demeure de ce ministre. Deux
bâtiments chargés de quelques hommes d'infanterie,
et douze ou quinze gendarmes déguisés suffiraient
pour cette expédition. Nous trouverions dans cette
correspondance des lumières intéressantes. Faites connaître ces détails au général Bernadotte, et expédiez-
lui à cet effet un courrier extraordinaire.

« NAPOLÉON. »

Tome X, page 17.

Le ministre anglais fut enlevé à Hambourg comme
l'avait ordonné Napoléon.

A M. FOUCHÉ

Milan, 20 floréal an XIII (10 mai 1805).

« ... Écrivez à mon ministre à Hambourg, pour qu'il fasse connaître que la maison Power est celle qui est le canal des complots que trament les Anglais; que si elle ne change pas de conduite, je la ferai arrêter au milieu de Hambourg même. Rien ne doit être écrit. Mon ministre doit parler fortement et dire bien haut que j'ai le bras assez long pour les saisir au milieu de leur comptoir et les ruiner à plat s'ils continuent leur commerce...

« NAPOLÉON. »

Tome X, page 594.

AU MARÉCHAL AUGEREAU

Stuttgart, 19 janvier 1806.

« Mon cousin, vous devez rester, jusqu'à nouvel ordre, dans le pays de Darmstadt. Vous devez le traiter en ami, mais vous faire donner le nécessaire pour bien entretenir votre corps d'armée. Ne tirez rien de France.

« NAPOLÉON. »

Tome XI, page 544.

AU MARÉCHAL AUGEREAU

Strasbourg, 24 janvier 1806.

« Mon cousin, le 28 janvier, vous ferez occuper
Francfort avec une division de votre armée. Le 2 février vous y concentrerez tout votre corps d'armée,
afin de faire place à Darmstadt à la division Dupont,
qui va prendre ses cantonnements dans ce pays. Vous
ne mettrez d'abord aucune contribution sur la ville.
Ce ne sera que lorsque tout votre corps d'armée sera
réuni, que vous demanderez à la ville une contribution
de quatre millions, qui sera versée dans les caisses au
profit de la grande armée...

« NAPOLÉON. »

Page 556.

A M. TALLEYRAND

Paris, 16 février 1806.

« Monsieur Talleyrand, écrivez en Espagne, pour en
faire chasser les ministres de Russie et de Suède,
et pour faire fermer tous les ports aux bâtiments suédois.

« NAPOLÉON. »

Tome XII, page 55.

AU MARÉCHAL AUGEREAU

Paris, 7 mars 1806.

« Mon cousin, toutes mes difficultés avec la Prusse paraissent être levées. La ville de Francfort n'a payé que deux millions de sa contribution, il faut qu'elle paye les quatre millions. Déclarez que mes troupes y resteront jusqu'à ce que cette somme soit soldée...

« NAPOLÉON. »

Tome XII, page 160.

A M. TALLEYRAND

Paris, 14 mars 1806.

« Monsieur Talleyrand, il est trois pays que je désirerais bien avoir pour arrondir le prince Murat. D'abord les abbayes d'Essen et de Werden, cela ne fait que 20,000 âmes ; après, le comté de Lamarck ; enfin, le comté de Witgenstein. Les deux premiers appartiennent à la Prusse ; je ne sais trop à qui appartient le troisième, faites-m'en un rapport. Je désire que vous cherchiez ce qu'on pourrait céder à la Prusse en échange ; il y a autour d'elle de petits princes dont les États sont à sa convenance. Dites qu'Essen et Werden appartiennent à Clèves, car c'est une des nouvelles possessions acquises par la Prusse.

« Je désire que vous me fassiez un rapport pour donner Francfort à Darmstadt, qui indemniserait Hesse-Cassel et Nassau ; ceux-ci céderaient les pays contigus au duché de Berg ; Hesse-Cassel céderait l'enclave près du Rhin, qui serait donnée à Bade. Il faut que cette affaire soit terminée promptement et ratifiée en moins de vingt jours.

« NAPOLÉON. »

Page 18 .

A M. DE TALLEYRAND

Paris, 14 mars 1806.

« Monsieur Talleyrand, j'ai vu ce soir M. Verhuell. Voici en deux mots à quoi j'ai réduit la question : la Hollande est sans pouvoir exécutif, il lui en faut un, je lui donnerai le prince Louis... Envoyez à La Haye une personne adroite pour suivre cette affaire. Il faudrait que le château de Loo et les domaines en dépendant fussent donnés au prince, avec des moyens de soutenir la splendeur de son rang. C'est une affaire à laquelle je suis décidé, cela ou bien la réunion...

« NAPOLÉON. »

Page 187.

15

A M. DE TALLEYRAND

La Malmaison, 12 avril 1806.

« Monsieur Talleyrand, faites une note très-verte à M. de Maillardoz sur la contrebande qui est encouragée en Suisse et particulièrement à Bâle, et qui devient tellement considérable qu'il ne sera plus possible à la France de la tolérer ; que si le gouvernement suisse ne prend point des mesures pour la réprimer, je serai obligé pour garantir le commerce de mes peuples et l'intérêt de mes douanes de faire entrer des troupes sur le territoire suisse pour enlever les marchandises anglaises...

« Demandez que les particuliers de Bâle qui réclament les marchandises saisies à Neufchâtel soient arrêtés. »

Tome XII, page 277.

AU PRINCE EUGÈNE

Saint-Cloud, 21 juin 1806.

« Mon fils, je vous envoie une lettre du général Duhesme, l'arrivée de votre aide-de-camp le tirera d'embarras. Il faut qu'il prenne possession d'Ostie, cela est extrêmement important, afin d'empêcher toute marchandise anglaise d'entrer dans le Tibre... Donnez ordre qu'on confisque à Ancône et à Civita-Vecchia toutes les marchandises anglaises... Je vous ai fait connaître que les généraux Lemarrois et Duhesme doivent faire nourrir leurs troupes par le pape et les revenus du pays. Donnez aussi ordre qu'on arrête partout les agents anglais et les anciens agents napolitains. »

Page 478.

NOTE POUR LE MINISTRE DES RELATIONS EXTÉRIEURES

Posen, 1er décembre 1806.

« Renvoyé à M. le prince de Bénévent pour envoyer la lettre ci-jointe à mon ministre en Suisse, avec l'ordre précis d'insister impérieusement pour que le journaliste et le directeur des postes soient arrêtés et que tout ce qui est demandé par le vice-roi soit ponctuellement et promptement exécuté. Mon ministre déclarera qu'au moindre retard qui serait apporté à ces satisfactions, je ferai marcher des troupes à Lugano pour arrêter les coupables et que je réunirai les deux bailliages à mon royaume d'Italie.

« NAPOLÉON. »

Tome XIV, page 7.

A M. DE TALLEYRAND

Dresde, 19 juillet 1807.

« Monsieur le prince de Bénévent, il faut s'occuper sans retard de faire fermer tous les ports de Portugal à l'Angleterre.

« Le lendemain de votre arrivée à Paris, vous ferez connaître au ministre de Portugal qu'il faut que le 1er septembre les ports du Portugal soient fermés à l'Angleterre, à défaut de quoi je déclare la guerre au Portugal et les marchandises anglaises seront confisquées pour garantie de ce qu'elle doit au Portugal...

« Le même jour avoir une conférence avec le ministre d'Espagne sur cet objet...

« NAPOLÉON. »

Tome XV, page 455.

A M. DE TALLEYRAND

Saint-Cloud, 31 juillet 1807.

« Le même courrier continuera sa route sur Copenhague et sera porteur d'une lettre à mon ministre par laquelle vous lui ferez connaître mon mécontentement de ce que les promesses qu'a faites le Danemark n'ont point d'effet et que la correspondance continue avec l'Angleterre...

« Dimanche, au plus tard, vous aurez une conférence sur ce sujet avec M. de Dreyer. Vous lui direz que, quel que soit mon désir de ménager le Danemark, je ne puis empêcher qu'il ne se ressente de la violation qu'il a laissé faire de la Baltique, et que si l'Angleterre refuse la médiation de la Russie, il faut nécessairement qu'il choisisse, ou de faire la guerre à l'Angleterre ou de me la faire...

« NAPOLÉON. »

Page 159.

AU MARÉCHAL BERNADOTTE

GOUVERNEUR DES VILLES HANSÉATIQUES

Saint-Cloud, 2 août 1807.

« ... Je ne veux pas tarder à vous faire connaître mes intentions, qu'il faut tenir secrètes jusqu'au dernier moment.

« Si l'Angleterre n'accepte pas la médiation de la Russie, il faut que le Danemark lui déclare la guerre ou que je la déclare au Danemark. Vous serez destiné, dans ce dernier cas, à vous emparer de tout le continent danois...

« NAPOLÉON. »

Page 467.

15.

AU PRINCE EUGÈNE

Paris, 16 août 1807.

« Mon fils,... faites-moi un rapport sur l'insulte qui m'a été faite à Sienne pendant que j'étais en Allemagne, et chargez mon ministre de demander que les principaux chefs soient livrés à l'armée ; il faut en faire fusiller deux...

« NAPOLÉON. »

Tome XV, page 302.

AU VICE-AMIRAL DECRÈS

MINISTRE DE LA MARINE

Paris, 21 août 1807.

« ... Le 13, le Danemark a déclaré la guerre à l'Angleterre...

« NAPOLÉON. »

Page 312.

AU PRINCE DE NEUFCHATEL

MAJOR GÉNÉRAL DE LA GRANDE ARMÉE

Saint-Cloud, 17 septembre 1807.

« Mon cousin, faites connaître à M. Daru et à M. Bourienne que je n'approuve point le marché passé

avec la ville de Hambourg pour le payement des seize
millions en trois ans ; que je veux que les seize millions
soient payables à raison de deux ou trois millions par
mois.

« NAPOLÉON. »

Tome XVI, page 11.

AU PRINCE EUGÈNE NAPOLÉON

VICE-ROI D'ITALIE

Fontainebleau, 25 septembre 1807.

« ... Je vous ai fait connaître que mon intention
est que toutes les troupes qui sont dans le royaume
d'Étrurie doivent être nourries, habillées et soldées par
le roi d'Étrurie et que celles qui se trouvent dans les
États du pape doivent être nourries, habillées et soldées
par le pape ; cela ne laissera pas que de faire une assez
grande économie...

« NAPOLÉON. »

Page 48.

A M. DE CHAMPAGNY

MINISTRE DES RELATIONS EXTÉRIEURES

Fontainebleau, 29 septembre 1807.

« Monsieur de Champagny, faites connaître à mon
ministre à Florence que j'entends que l'archevêché de

Florence soit donné à un homme connu par ses bons sentiments pour la France, et non à l'évêque d'Arezzo, dont l'inimitié et la haine ont éclaté dans toutes les circonstances. Passez une note là-dessus au ministre de Toscane. Les armes de Suède doivent être abattues en Toscane et le ministre de Suède chassé. Écrivez pour faire chasser de Florence le chargé d'affaires de cette nation.

« NAPOLÉON. »

Tome XVI, page 55.

A M. GAUDIN

MINISTRE DES FINANCES

Fontainebleau, 6 octobre 1807.

« Écrivez à M. Bourienne que les seize millions provenant de Hambourg doivent être dirigés sans délai sur Paris.

« Je n'approuve point le traité que M. Bourienne a fait à Lubeck, vu le terme de trois ans qu'il a donné pour le payement ; il faut que ce soit payé dans l'année. »

Page 67.

A M. DE CHAMPAGNY

MINISTRE DES RELATIONS EXTÉRIEURES

Fontainebleau, 31 octobre 1807.

« M. de Champagny, écrivez au sieur Bourienne à Hambourg que mon intention est que les villes hanséatiques adoptent le code Napoléon et qu'à compter du 1er janvier ces villes soient régies par ce code. Écrivez la même chose au général Rapp, à Dantzig ; qu'ils fassent faire cette ordonnance par les magistrats du pays.

« Je désire que vous écriviez également à M. Otto, à Munich, à mes chargés d'affaires près le prince primat et les grands-ducs de Hesse-Darmstadt et de Bade, pour leur prescrire de faire des insinuations légères et non écrites pour que le code Napoléon soit adopté comme loi civile de leurs États, en supprimant toutes les coutumes et se bornant au seul code Napoléon.

« NAPOLÉON. »

Page 126.

Voici du reste l'opinion de Napoléon sur les effets de son Code civil, clairement exprimée dans sa lettre au roi de Naples du 5 juin 1806 :

« ... Les enclaves de Bénévent et de Ponte-Corvo ne pouvaient être que des sujets de troubles pour votre royaume. J'en ai fait deux duchés, celui de Bénévent pour Talleyrand et celui de Ponte-Corvo pour Bernadotte... Quant aux six autres duchés, je serai bientôt dans le cas d'y nommer. Masséna et Jourdan seraient l'un et l'autre convenables... Lorsque vous serez maître de la Sicile, instituez trois autres fiefs... J'ai exigé aussi que les titulaires aient une maison à Paris, parce que c'est là qu'est le centre de tout le système, et je veux avoir à Paris cent fortunes, toutes s'étant élevées avec le trône et restant seules considérables, puisque ce sont des fidéicommis et que ce qui ne sera pas elles va se disséminer par l'effet du Code civil.

« Établissez le Code civil à Naples ; tout ce qui ne vous est pas attaché va se détruire alors en peu d'années et ce que vous voudrez conserver se consolidera. Voilà le grand avantage du Code civil. »

Tome XII, page 452.

DÉCRET

Palais des Tuileries, 17 février 1808.

« Napoléon, empereur des Français, roi d'Italie, protecteur de la Confédération du Rhin.

« Avons décrété et décrétons ce qui suit :

« Art. 1. — La ville et le territoire de Hambourg

fourniront 2,000 matelots ; la ville et le territoire de Brême en fourniront 500 ; la ville et le territoire de Lubeck en fourniront 500.

« Art. 2. — Ces 3,000 matelots seront dirigés sur Flessingue et sur Boulogne pour l'armement de nos flottes.

« Art. 3. — Nos ministres de la marine, de la guerre et des relations extérieures, sont chargés de l'exécution du présent décret.

« NAPOLÉON. »

Tome XVI, page 535.

AU GÉNÉRAL DUROC

(AMBASSADEUR A BERLIN)

Augsbourg, 2 brumaire an XIV (24 octobre 1805).

« Monsieur le général Duroc, j'ai besoin de vos services près de moi. Demandez au roi une audience de congé et venez me joindre à Munich. Il vous sera facile de faire comprendre que dans les circonstances actuelles, j'ai besoin de vous. Le but d'ailleurs pour lequel vous restiez à Berlin est manqué, puisqu'il n'est plus question d'alliance...

« Dites au roi en prenant congé : « Sire, l'empereur « me mande près de lui. Il voulait écrire à Votre Ma- « jesté pour l'informer de ses succès, mais il n'ose

« plus, étant vaguement informé, par les bruits de l'Al-
« lemagne, que ses ennemis lèvent la tête à Berlin et
« triomphent auprès d'elle. Sire, vous avez dans l'em-
« pereur un ami capable, de venir des extrémités du
« monde à votre secours. L'empereur est peu connu
« en Europe, c'est plus encore un homme de cœur
« qu'un homme politique. Serait-il possible que Votre
« Majesté voulût, par une conduite douteuse, aliéner
« un homme d'un si grand caractère et qui lui est si
« attaché!...

« NAPOLÉON. »

Tome XI, page 552.

AU ROI DE PRUSSE

La Malmaison, 4 avril 1806.

« Monsieur mon frère, j'ai fait connaître à M. le
comte de Haugwitz, dans deux longues conférences, le
fond de toutes mes pensées...

« Sire, que Votre Majesté me permette de le lui dire
encore : depuis le traité de Paris, dans la proclamation
adressée à Neufchâtel, il a été dit, au nom de Votre
Majesté, qu'il valait mieux qu'elle eût cédé cette principauté à la France que si la France l'eût conquise. Ah!
Sire, il n'a jamais été dans mon intention de faire la
guerre à Votre Majesté, et si je l'eusse voulu, si j'eusse

pu un moment oublier les principes de la politique de
ma couronne et les sentiments que j'ai voués à la personne de Votre Majesté, si je m'étais laissé influencer
par les insultes de son ministre et par cette espèce
d'exaltation factice que l'on avait donnée à ses peuples
contre la France, je le dis avec un noble orgueil,
j'eusse pu la lui faire payer bien cher...

« La guerre contre la Prusse n'a jamais pu être possible de ma part...

« M. le comte de Haugwitz ne saura jamais trop lui
répéter combien mes intentions sont droites, franches
et décidées. Je ne serai jamais, lorsqu'il s'agira de lui
plaire, incertain, douteux et n'aurai recours à aucun
mezzo termine...

« NAPOLÉON. »

Tome XII, page 256.

AU ROI DE PRUSSE

Saint-Cloud, 12 septembre 1805.

« Monsieur mon frère, j'ai reçu la lettre de Votre
Majesté. Les assurances qu'elle me donne de ses sentiments me sont d'autant plus agréables que tout ce qui
se passe depuis quinze jours me donnait lieu d'en
douter. Si je suis contraint à prendre les armes pour
me défendre, ce sera avec le plus grand regret que je

16

les emploierai contre les troupes de Votre Majesté. Je considérerai cette guerre comme une guerre civile, tant les intérêts de nos États sont liés. Je ne veux rien d'elle, je ne lui ai rien demandé...

« Si Votre Majesté m'eût dit que les troupes que j'ai en Westphalie lui donnaient de l'inquiétude, je les eusse retirées pour lui plaire. Je suis ami ou ennemi franchement...

« Je dois le dire à Votre Majesté, jamais la guerre ne sera de mon fait, parce que, si cela était, je me regarderais comme criminel ; c'est ainsi que j'appelle un souverain qui fait une guerre de fantaisie, qui n'est pas justifiée par la politique de ses États. Je reste inébranlable dans mes liens d'alliance avec elle. Que par sa réponse, elle me fasse connaître qu'elle les repousse, qu'elle ne veut mettre sa confiance que dans la force de ses armes, je serai obligé de recevoir la guerre qu'elle m'aura déclarée ; mais je resterai le même au milieu des combats. Après des victoires, si la justice de ma cause m'en fait obtenir, je demanderai la paix, regardant cette guerre comme une guerre sacrilége...

« NAPOLÉON. »

Tome XIII, page 170.

AU ROI DE PRUSSE

Camp impérial, Géra, 12 octobre 180 .

« Monsieur mon frère, je n'ai reçu que le 7 la lettre de Votre Majesté du 25 septembre. Je suis fâché qu'on lui ait fait signer cette espèce de pamphlet [1].

« Je ne lui réponds que pour lui protester que jamais je n'attribuerai à elle les choses qui y sont contenues, toutes sont contraires à son caractère et à l'honneur de tous deux...

« Je ne lui ai donné aucun sujet réel de guerre. Qu'elle ordonne à cet essaim de malveillants et d'inconsidérés de se taire à l'aspect de son trône dans le respect qui lui est dû, et qu'elle rende la tranquillité à elle et à ses États. Si elle ne retrouve plus jamais en moi un allié, elle retrouvera un homme désireux de ne faire que des guerres indispensables à la politique de ses peuples, et de ne point répandre le sang dans une lutte avec des souverains qui n'ont avec moi aucune opposition d'industrie, de commerce et de politique. Je prie Votre Majesté de ne voir dans cette lettre que le désir que j'ai d'épargner le sang des hommes, et d'éviter

---

[1] Dans le *Moniteur* qui publie cette lettre, on ajoute en note : « Véritable rapsodie que très-certainement le roi n'a pu ni lire ni comprendre. »

à une nation qui, géographiquement, ne saurait être ennemie de la mienne, l'amer repentir d'avoir trop écouté des sentiments éphémères qui s'excitent et se calment avec tant de facilité parmi les peuples.

« NAPOLÉON »

Tome XIII, page 542.

APRÈS LA BATAILLE D'IÉNA

17ᵉ BULLETIN DE LA GRANDE ARMÉE

Potsdam, 25 octobre 1806.

« On a remarqué comme une singularité que l'empereur Napoléon est arrivé à Potsdam et est descendu dans le même appartement, le même jour et presque à la même heure que l'empereur de Russie, lors du voyage que fit ce prince l'année passée, qui a été si funeste à la Prusse. C'est de ce moment que la reine a quitté le soin de ses affaires intérieures et les graves occupations de sa toilette pour se mêler des affaires d'État, influencer le roi et susciter partout ce feu dont elle était possédée.

« ...La saine partie de la nation prussienne regarda ce voyage comme un des plus grands malheurs qui soient arrivés à la Prusse. On ne se fait point d'idée de l'activité de la faction prussienne pour porter le roi à la guerre malgré lui. Le résultat du célèbre serment fait sur le tombeau du grand Frédéric, le 4 novembre 1805, a été la bataille d'Austerlitz et l'évacuation de l'Allemagne par l'armée russe à journée d'étapes. On fit quarante-huit heures après, sur ce sujet, une gravure qu'on voit dans toutes les boutiques et qui excite le rire même des paysans. On y voit le bel empereur de Russie, près de lui la Reine et de l'autre côté le Roi qui lève la main sur le tombeau du grand Frédéric ; la Reine elle-même drapée d'un châle, à peu près comme les gravures de Londres représentent lady Hamilton, appuie la main sur son cœur et a l'air de regarder l'empereur de Russie ; on ne conçoit pas que la police de Berlin ait laissé répandre une aussi pitoyable satire... »

Page 101.

18ᵉ BULLETIN DE LA GRANDE ARMÉE

Potsdam, 26 octobre 1806.

« ...M. le prince de Hatzfeld, Busching, président de la police, le président Kircheisen, conseiller intime, Polzig, conseiller de la municipalité, MM. Ruck, Sieger et de Hermensdorf, conseillers députés de la ville de Berlin, ont remis ce matin à l'empereur, à Potsdam, les clefs de la ville de Berlin.

« Comme tous les Prussiens, ils accusent le voyage

de l'empereur Alexandre des malheurs de la Prusse. Le changement qui s'est dès lors opéré dans l'esprit de la reine, qui, de femme timide et modeste, est devenue turbulente et guerrière, a été une révolution subite... »

Tome XIII, page 420.

19ᵉ BULLETIN DE LA GRANDE ARMÉE

Charlottenburg, 27 octobre 1806.

« ...L'indignation est à son comble contre les auteurs de cette guerre. Le manifeste que l'on appelle à Berlin un indécent libelle, où aucun grief n'a été articulé, a soulevé la nation contre son auteur, misérable scribe, nommé Gentz, un de ces hommes sans honneur, qui se vendent pour de l'argent.

« Tout le monde avoue que la reine est l'auteur des maux que souffre la nation prussienne. On entend dire partout : « Elle était si bonne, si douce, il y a un an ; « mais depuis cette fatale entrevue avec l'empereur « Alexandre, combien elle a changé... »

« On a trouvé dans l'appartement qu'occupait la reine à Potsdam le portrait de l'empereur de Russie, dont ce prince lui avait fait présent...

« Combien sont malheureux les princes qui laissent prendre aux femmes de l'influence sur les affaires politiques. Les notes, les rapports, les papiers d'État

étaient musqués et se trouvaient mêlés avec des chiffons
et d'autres objets de la toilette de la reine. »

Page 424.

21ᵉ BULLETIN DE LA GRANDE ARMÉE

Berlin, 28 octobre 1806.

« L'empereur a fait hier, 27, une entrée solennelle
à Berlin...

« M. le comte de Néale s'étant présenté dans les sa-
lons de l'empereur, Sa Majesté lui a dit : « Eh bien !
« monsieur, vos femmes ont voulu la guerre, en voici
« le résultat. Vous devriez mieux contenir votre fa-
« mille. » Des lettres de sa fille avaient été intercep-
tées. « Napoléon, disaient ces lettres, ne veut pas faire
« la guerre, il faut la lui faire. — Non, dit Sa Majesté à
« M. de Néale, je ne veux pas la guerre, non pas que je
« me méfie de ma puissance, comme vous le pensez,
« mais parce que le sang de mon peuple m'est pré-
« cieux, et que mon premier devoir est de ne le répan-
« dre que pour sa sûreté et son honneur. Mais ce bon
« peuple de Berlin est victime de la guerre, tandis que
« ceux qui l'ont attirée se sont sauvés. Je rendrai cette
« noblesse de cour si petite qu'elle sera obligée de
« mendier son pain. »

« En faisant connaître ses intentions au corps muni-

cipal : « J'entends, a dit l'empereur, qu'on ne casse les
« fenêtres de personne. Mon frère, le roi de Prusse, a
« a cessé d'être roi le jour où il n'a pas fait pendre le
« prince Louis-Ferdinand, lorsqu'il a été assez osé
« pour aller casser les fenêtres de ses ministres. »

Tome XIII, page 428.

24ᵉ BULLETIN DE LA GRANDE ARMÉE

Berlin, 31 octobre 1806.

« ... On n'entend point parler encore des Russes.
Nous désirons fort qu'il en vienne une centaine de milliers. Mais le bruit de leur marche est une vraie fanfa-
ronnade. Ils n'oseront pas venir à notre rencontre. La
journée d'Austerlitz se représente à leurs yeux. Ce qui indigne les gens sensés, c'est d'entendre l'empereur
Alexandre et son sénat dirigeant dire que ce sont les
alliés qui ont été battus... L'empereur Alexandre, qui
commandait à Austerlitz et à Wischau avec un si grand
corps d'armée, et qui faisait tant de tapage, ne commandait pas les alliés. Le prince qui a capitulé et s'est
soumis à évacuer l'Allemagne par journées d'étapes
n'était pas, sans doute, un prince allié. On ne peut que
hausser les épaules à de pareilles forfanteries. Voilà le
résultat de la faiblesse des princes et de la vénalité des
ministres. Il était bien plus simple pour l'empereur

Alexandre de ratifier le traité de paix qu'avait conclu
son plénipotentiaire et de donner le repos au continent.
Plus la guerre durera, plus la chimère de la Russie s'ef-
facera et finira par être anéantie. Autant la sage politique de Catherine était parvenue à faire de sa puissance un immense épouvantail, autant l'extravagance
et la folie des ministres actuels la rendront ridicule
en Europe... »

Page 450.

L'impératrice Joséphine avait, à ce qu'il paraît,
exprimé à Napoléon des regrets sur la manière dont il
avait outragé la reine de Prusse dans ses bulletins, si
injurieux également pour le roi de Prusse, l'empereur
de Russie et la noblesse prussienne ; voici sa réponse :

A L'IMPÉRATRICE

Berlin, 6 novembre 1806, 9 heures du soir.

« J'ai reçu ta lettre où tu me parais fâchée du mal
que je dis des femmes. Il est vrai que je hais les femmes
intrigantes au delà de tout. Je suis accoutumé à des
femmes bonnes, douces, conciliantes, ce sont celles que
j'aime, si elles m'ont gâté, ce n'est pas ma faute, mais

la tienne. Au reste tu verras que j'ai été fort bon pour
une qui s'est montrée sensible et bonne, madame de
Hatzfeld. Lorsque je lui montrai la lettre de son mari,
elle me dit en sanglotant, avec une profonde sensibilité
et naïvement : « Ah ! c'est bien là son écriture ! » Lorsqu'elle lisait, son accent allait à l'âme. Elle me fit peine ;
je lui dis : « Eh bien ! madame, jetez cette lettre au feu,
« je ne serai plus assez puissant pour faire punir votre
« mari. » Elle brûla la lettre et me parut bien heu-
reuse. Deux heures plus tard il était perdu.

« NAPOLÉON. »

Tome XIII, page 488.

AU MARÉCHAL BERNADOTTE

Osterode, 27 février 1807, 5 heures et demie du soir.

« Mon cousin, le général russe que le maréchal Ney
a fait prisonnier hier à Peterswalde vient d'arriver. J'ai causé longtemps avec lui. Il en résulte que
l'armée russe n'a point fait de mouvement, qu'il n'y
avait devant nous que de l'infanterie légère et des Prussiens ; que du reste ils étaient dans la misère et n'a-
vaient pas plus que nous du pain.

« Il est, en vérité, bien extraordinaire que cette canaille de Prussiens veuille lever le ton...

« NAPOLÉON. »

Tome XIV, page 545.

A M. DARU

Finkenstein, 14 avril 1807.

« Monsieur Daru, je n'entends payer aucune subsistance pour le huitième corps d'armée. Il occupe des cantonnements riches où les paysans peuvent le nourrir sans argent.

« NAPOLÉON. »

Tome XV, page 70.

A JÉROME NAPOLÉON

ROI DE WESTPHALIE

Paris, 4 janvier 1808.

« Mon frère, j'ai lu le rapport du colonel Morio. Je n'entre pas dans tous ces détails. Mais je crois ce qu'il propose opposé aux circonstances. Je pense que si vous commencez par faire supporter ces dépenses à votre trésor, vous le ruinerez. Comment ferez-vous quand la grande armée passera par vos États ? Elle a séjourné un an en Bavière, elle n'a pas coûté un sou au roi, les habitants l'ont nourrie ; il est vrai qu'ils ont été un peu grevés, mais s'il eût fallu que le roi payât, il n'aurait pas pu le supporter quinze jours.

« NAPOLÉON. »

Tome XVI, page 229.

XIV

POLOGNE

AU CITOYEN TALLEYRAND

Paris, 25 vendémiaire an X (17 octobre 1801).

« J'ai oublié, citoyen ministre, dans la lettre que j'ai eu l'honneur de vous écrire au sujet de l'*Almanach national*, de vous parler de la Pologne dont le premier consul désire qu'il ne soit pas question dans l'état des puissances. Cette mention *pour mémoire* est d'une inutilité absolue. »

(Par ordre du premier Consul.)

Tome VII, page 294.

A M. FOUCHÉ

Berlin, 5 novembre 1806.

« Faites venir Kosciuszko ; dites-lui de partir en diligence pour venir me joindre, mais secrètement et sous
un autre nom que le sien...

« NAPOLÉON. »

Tome XIII, page 462.

A M. FOUCHÉ

Posen, 30 novembre 1806.

« La lettre que vous m'avez envoyée de Kosciuszko à
ses compatriotes est ridicule, ce n'est qu'une amplifica-
tion de rhétorique...

« Si Kosciuszko veut venir, bien ; sans cela on se
passera de lui. Il serait pourtant bon qu'il vint.

« NAPOLÉON. »

Page 589.

36ᵉ BULLETIN DE LA GRANDE ARMÉE

Posen, 1ᵉ décembre 1806.

« ...Il est difficile de peindre l'enthousiasme des Polonais. Notre entrée dans cette grande ville (Varsovie) était un triomphe, et les sentiments que les Polonais de toutes les classes montrent depuis notre arrivée ne sauraient s'exprimer. L'amour de la patrie et le sentiment national est non-seulement conservé en entier dans le cœur du peuple, mais il a été retrempé par le malheur. Sa première passion, son premier désir est de redevenir nation...

« Le trône de Pologne se rétablira-t-il? Et cette grande nation reprendra-t-elle son existence et son indépendance? Du fond du tombeau, renaîtra-t-elle à la vie? Dieu seul, qui tient dans ses mains les combinaisons de tous les événements, est l'arbitre de ce grand problème politique... »

Tome XIV, page 10.

Le lendemain même Napoléon écrivait :

AU GRAND-DUC DE BERG

Posen, 2 décembre 1806, 10 heures du matin.

« Je reçois vos lettres du 29 novembre onze heures

du soir. Les Polonais, qui montrent tant de circonspec-
tion, demandent tant de garanties avant de se déclarer,
sont des égoïstes que l'amour de la patrie n'enflamme
pas.

« Je suis vieux dans la connaissance des hommes.
Ma grandeur n'est pas fondée sur les secours de quelques milliers de Polonais. C'est à eux à profiter avec
enthousiasme de la circonstance actuelle; ce n'est pas
à moi à faire le premier pas. Qu'ils montrent une
ferme résolution de se rendre indépendants; qu'ils
s'engagent à soutenir le roi qui leur serait donné, et
alors je verrai ce que j'aurai à faire. Je n'ai point
trouvé dans les provinces de Kalitz et de Posen cet esprit d'égoïsme, elles ont montré dévouement et décision.

« Vous aurez vu, par la proclamation du palatin Rad-
ziminski que le 15 décembre toute la noblesse doit se
réunir à Lowicz. Faites mettre dans les gazettes de Varsovie tous les discours qu'ils ont tenus et mes réponses.
Je connais Poniatowski mieux que vous, parce que je
suis depuis dix ans les affaires de Pologne. C'est un
homme léger et inconséquent plus que d'ordinaire ne le
sont les Polonais, ce qui est beaucoup dire. Il jouit de
peu de confiance à Varsovie. Ce n'en est pas moins un
homme qu'il faille bien traiter et ménager. Quant à ce
qu'il vous dit de mettre le prince Czartoryski roi, c'est
pour se rendre important. La Russie, je vous assure,
n'a jamais rêvé de se dessaisir de la Pologne.

« J'approuve, du reste, les mesures que vous avez prises. Il faut mettre des patriotes en place, des hommes qui veuillent se mettre en avant et ne point calculer arithmétiquement le rétablissement de la Pologne. Faites bien sentir que je ne viens pas mendier un trône pour un des miens, je ne manque pas de trônes à donner à ma famille.

« NAPOLÉON. »

Tome XIV, page 11.

A M. FOUCHÉ

Pultusk, 31 décembre 1806.

« Je lis dans *le Publiciste* du 18 une prétendue lettre de Kosciuszko. Ce sont des moyens bien misérables que ceux-là, qui ne tendent qu'à décréditer. A quoi sert le mensonge lorsque la vérité est si bonne à dire? Qu'avons-nous besoin de Kosciuszko puisque Kosciuszko veut rester tranquille? Le peuple de Pologne n'est pas un peuple qu'on remue avec des proclamations. Tout cela, vu de Varsovie, est bien pitoyable; je vous l'ai déjà mandé.

« NAPOLÉON..»

Page 126.

NSTRUCTIONS POUR LE GÉNÉRAL BERTRAND

Eylau, 15 février 1807.

« M. le général Bertrand dira à M. de Zastrow qu'il n'a qu'à venir avec des pleins pouvoirs, lui ou tout homme qui inspire la même confiance que lui ; et la paix rendant les États du roi (de Prusse) jusqu'à l'Elbe, sera signée ; que la note du ministre de Russie a produit cet effet ; que l'empereur a été peu satisfait, dans de si grandes questions, du peu d'empressement que le cabinet de Saint-Pétersbourg mettait à tirer les peuples de Prusse de la situation où ils se trouvent...

« Que la Prusse peut d'ailleurs se conduire comme elle voudra envers la Russie, que Sa Majesté n'exige aucun mystère, mais qu'elle veut seule avoir la gloire de réorganiser, d'une manière ou d'autre, la nation prussienne dont la puissance plus ou moins forte est nécessaire à toute l'Europe.

« Il laissera entrevoir que, quant à la Pologne, depuis que l'empereur la connaît, il n'y attache plus aucun prix...

« NAPOLÉON. »

Page 501.

A M. FOUCHÉ

Liebstad, 20 février 1807.

« ... Je n'attache aucune importance à Kosciuszko ;
il ne jouit point dans le pays de l'estime qu'il croit ;
d'ailleurs sa conduite prouve qu'il n'est qu'un sot...

« NAPOLÉON. »

. Tome XIV, page 515.

AU ROI DE NAPLES

Osterode, 1er mars 1807.

« Je vous renvoie le général César Berthier... Je m'en
rapporte à ce que vous dira le général César Berthier
sur la comparaison que vous faites de l'armée de Naples
avec la grande armée. Officiers d'état-major, colonels,
officiers ne se sont pas couchés depuis deux mois et
quelques-uns depuis quatre (j'ai moi-même été quinze
jours sans ôter mes bottes) ; au milieu de la neige et
de la boue, sans vin, sans eau-de-vie, sans pain, man-
geant des pommes de terre et de la viande, faisant de
longues marches et contre-marches sans aucune espèce
de douceurs, et se battant à la baïonnette et sous la
mitraille, très-souvent les blessés obligés de s'évacuer

en traîneaux, en plein air pendant cinquante lieues.
C'est donc une mauvaise plaisanterie de nous comparer
à l'armée de Naples, faisant la guerre dans le beau pays
de Naples où l'on a du vin, de l'huile, du pain, du
drap, des draps de lit, de la société et même des
femmes...

« Au milieu de ces grandes fatigues, tout le monde a
été plus ou moins malade. Pour moi, je ne me suis
jamais trouvé plus fort, j'ai engraissé...

« NAPOLÉON. »

Page 359.

NOTES SUR UN PROJET D'EXPOSÉ DE LA SITUATION DE L'EMPIRE

Finkenstein, 18 mai 1807.

« ... *Aperçu de la dernière campagne*. Ne pas parler
de l'indépendance de la Pologne et supprimer tout ce
qui tend à montrer l'empereur comme le libérateur,
attendu qu'il ne s'est pas expliqué à ce sujet...

« NAPOLÉON. »

Tome XV, page 245.

Ces lettres de Napoléon ne permettent pas d'être surpris lorsqu'on lit sa réponse ambiguë faite, le 15 juillet 1812, aux députés Polonais qui, au commencement

de l'invasion de la Russie, lui demandaient de reconnaître le rétablissement du royaume de Pologne, voté par la diète de Varsovie.

« Messieurs les députés de la confédération de Pologne, j'ai entendu avec intérêt ce que vous venez de me dire.

« Polonais, je penserais et j'agirais comme vous ; j'aurais voté comme vous dans l'assemblée de Varsovie : l'amour de la patrie est la première vertu de l'homme civilisé.

« Dans ma position, j'ai bien des intérêts à concilier et bien des devoirs à remplir. Si j'eusse régné lors du premier, du second ou du troisième partage de la Pologne, j'aurais armé tout mon peuple pour vous soutenir. Aussitôt que la victoire m'a permis de restituer vos anciennes lois à votre capitale et à une partie de vos provinces, je l'ai fait avec empressement, sans toutefois prolonger une guerre qui eût fait couler encore le sang de mes sujets.

« J'aime votre nation : depuis seize ans j'ai vu vos soldats à mes côtés, sur les champs de bataille d'Italie comme sur ceux d'Espagne.

« J'applaudis à ce que vous avez fait, j'autorise les efforts que vous voulez faire ; je ferai tout ce qui dépendra de moi pour seconder vos résolutions. Si vos

efforts sont unanimes, vous pouvez concevoir l'espoir
de réduire vos ennemis à reconnaître vos droits ; mais
dans des contrées si éloignées et si étendues, c'est en-
tièrement dans l'unanimité des efforts de la population
qui les couvre que vous pouvez trouver l'espoir du
succès ; mais je dois ajouter que j'ai garanti à l'empereur d'Autriche l'intégrité de ses domaines, et que je
ne puis sanctionner aucune manœuvre ni aucun mouvement qui tendraient à troubler la paisible possession
de ce qui lui reste des provinces de la Pologne.

« Faites que la Lithuanie, la Samogitie, Vitepsk, Po-
lotsk, Mohilef, la Volhinie, l'Ukranie, la Podolie soient
animées du même esprit que j'ai vu dans la grande Pologne, et la Providence couronnera votre bonne cause
par des succès ; elle récompensera ce dévoûment à
votre patrie, qui vous rend si intéressants et vous
acquiert tant de titres à mon estime et à ma protection
pour tout ce qui dépendra de moi dans les circonstances. »

XV

FORCE DE VOLONTÉ DE NAPOLÉON

AU PRINCE EUGÈNE

Camp de Boulogne, 6 août 1805.

« Mon cousin, je reçois votre courrier. Je ne puis trop vous témoigner mon mécontentement de ce que vous prononcez sur des objets que je me suis réservés, voilà trois fois dans un mois ; vous n'aviez pas le droit de dépécer la loi sur les finances que j'avais signée et d'en présenter d'autres ; vous n'aviez pas le droit d'ajourner le Corps législatif ; vous n'aviez pas le droit d'arrêter les dépenses départementales. Si vous tenez à mon estime et à mon amitié, vous ne devez, sous aucun prétexte, la lune menaçât-elle de tomber sur Milan, rien faire de ce qui est hors de votre autorité.

« NAPOLÉON. »

Tome XI, page 68.

A M. LEBRUN [1]

Camp de Boulogne, 25 thermidor an XIII
(11 août 1805).

« Mon cousin, j'ai vu avec peine votre arrêté qui défend la levée des matelots à Gênes…

« Je crains bien que vous ne vous soyez conduit dans votre administration sur un point si important, par la crainte de mécontenter les Génois ; n'en craignez rien. Bon gré mal gré, il faut qu'ils aillent sur mes vaisseaux. Vous êtes mal instruit et c'est me supposer bien ignorant de la situation du peuple de Gênes que de croire qu'il ne me sera bon à rien. Avec de la faiblesse on ne gouverne point les peuples et on attire sur eux des malheurs.

« Avez-vous espéré gouverner des peuples sans les mécontenter d'abord ? Que feriez-vous donc en France si vous étiez chargé de faire marcher la conscription du Calvados, des Deux-Sèvres, ou de tel autre départe-

---

[1] Ancien consul, gouverneur de l'État de Gênes dont Napoléon venait de s'emparer.

ment? Vous savez bien qu'en fait de gouvernement, justice veut dire force comme vertu. Quant à ceux qui disent que cela mécontenterait les Génois et les pousserait à se mal conduire, ce n'est pas à moi que ce langage s'adresse; je sais ce qu'ils pensent et ce qu'ils valent. Serais-je déjà assez décrépit pour qu'on pût me faire peur du peuple de Gênes? La seule réponse à cette dépêche c'est des matelots et des matelots.

« NAPOLÉON. »

Tome XI, page 74.

On voit d'après cette lettre, que déjà en 1805 la conscription faisait bien des mécontents et qu'il n'était pas facile de la faire marcher. Voici une autre lettre qui le prouve encore mieux.

AU GÉNÉRAL LACUÉE

Saint-Cloud, 28 vendémiaire an XIII
(20 octobre 1804).

« M. Lacuée, président de la section de la guerre de mon conseil d'État, je vous envoye un rapport extrêmement curieux du ministre de la guerre sur l'état de la levée de la conscription. Je désire que vous me fassiez part des réflexions que la lecture et l'examen

des tableaux qui y sont joints vous suggèreront. Nous
ne pouvons nous dissimuler que les règlements actuels
de la conscription sont loin de remplir notre but. Sur
quatre-vingt-deux mille conscrits, il n'en est arrivé
que soixante-quatre mille sur lesquels il faut compter
plus de quatorze mille désertés...

« NAPOLÉON. »

Tome X, page 28.

Cette difficulté de faire marcher la conscription
augmentait avec la guerre.

AU GÉNÉRAL LACUÉE

Finkenstein, 21 avril 1807.

« J'ai reçu et lu avec un grand intérêt votre tableau
par lequel je vois qu'au mois d'avril, sur 160,000
hommes il n'en était rentré que 116,000 hommes,
sur lesquels il y avait eu 3,500 réformés, ce qui ne me
fait que 113,000 hommes. Il était donc encore dû
52,000 hommes.

« NAPOLÉON. »

Tome XV, page 125.

A M. FOUCHÉ

Finkenstein, 5 mai 1807.

« Par votre lettre du... vous me dites que vous avez engagé M. Lacuée à diminuer la taille de la conscription. Je ne comprends pas bien cela, car je reçois des hommes de 4 pieds 10 pouces et même on en recevrait de plus petits, ainsi le motif de la taille n'est pas une raison pour gêner la conscription.

« NAPOLÉON. »

Tome XV, page 181.

Mais la guerre continuait toujours, en Allemagne, en Espagne; le nombre des réfractaires, des déserteurs augmentait, malgré toute l'énergie qu'on déployait contre eux. L'empereur prit enfin deux décrets, l'un avant la guerre de Russie, l'autre à la fin de cette guerre, ainsi conçus :

DÉCRET DU 5 AVRIL 1811

« ARTICLE. — Toutes les fois que le nombre des conscrits réfractaires ou des déserteurs aura nécessité dans un département l'envoi d'une colonne mobile,

il pourra être établi des garnisaires selon le mode fixé
par l'avis du conseil d'État approuvé le 1er juin 1807
et le décret impérial du 24 juin 1808, chez les pères et
mères non-seulement des réfractaires, mais encore des
déserteurs, et à défaut des pères et mères, chez ceux
qui les représentent selon la loi, aussi longtemps que
ladite colonne sera employée dans ce même département...

« NAPOLÉON. »

DÉCRET DU 22 DÉCEMBRE 1812

« ARTICLE PREMIER. — Lorsque la désertion fera des
progrès dans un département et qu'elle pourra être
attribuée aux insinuations ou à la protection des pères
et mères des déserteurs, notre ministre de la guerre,
sur la demande du préfet et le rapport de notre directeur général de la conscription, nous proposera que les
dispositions de l'avis de notre conseil d'État du 12 mai
1807, approuvé par nous le 1er juin suivant, et de
notre décret du 24 juin 1808, soient appliquées dans
le département contre les pères et mères qui, au jugement du préfet, seront convaincus d'avoir favorisé la
désertion de leurs enfants...

« NAPOLÉON. »

Je reviens aux lettres de l'empereur :

A M. TALLEYRAND

Schœnbrunn, 2 nivôse an XIV (23 décembre 1805)

« Monsieur Talleyrand, j'ai reçu votre lettre d'aujourd'hui. Je vois avec plaisir que vous finirez, mais je vous recommande expressément de ne point parler de Naples. Les outrages de cette misérable reine redoublent à tous les courriers. Vous savez comment je me suis conduit avec elle et je serais trop lâche si je pardonnais à des excès aussi infâmes envers mon peuple. Il faut qu'elle ait cessé de régner.

« NAPOLÉON. »

Tome XI, page 197.

AU GÉNÉRAL JUNOT

GOUVERNEUR GÉNÉRAL DES ÉTATS DE PARME ET DE PLAISANCE

Stuttgart, 19 janvier 1806.

« Vous partirez dans la journée, vous courrez jour et nuit jusqu'à Parme ; vous communiquerez sur-le-champ le décret ci-joint à M. Moreau Saint-Méry, et dans les deux heures vous ferez imprimer, publier et répandre dans tout le duché une proclamation courte et ferme.

« Vous réunirez la force armée ; vous vous rendrez sur le lieu qui a été le principal théâtre de l'insurrection.

L'architrésorier n'a rien à faire à Parme. Ce n'est pas avec des phrases qu'on maintient la tranquillité dans l'Italie. Faites comme j'ai fait à Binasco ; qu'un gros village soit brûlé ; faites fusiller une douzaine d'insurgés et formez des colonnes mobiles, afin de saisir partout les brigands et de donner un exemple au peuple de ce pays.

« Faites-vous faire de suite un rapport sur les causes de l'insurrection.

« NAPOLÉON. »

Tome XI, page 545.

AU PRINCE JOSEPH

Paris, 27 janvier 1806.

« Ne vous laissez amuser par rien. Je compte que dans la première semaine de février vous entrerez dans le royaume de Naples.

« Je vous ai, je crois, déjà dit que mon intention est de mettre le royaume de Naples dans ma famille. Ce sera ainsi que l'Italie, la Suisse, la Hollande et les trois royaumes d'Allemagne, seront mes États fédératifs, ou véritablement l'empire français.

« NAPOLÉON. »

Page 560.

18.

AU PRINCE JOSEPH

Paris, 31 janvier 1806.

« Le marquis de Gallo a quitté le service de Naples ; il se rend auprès de vous pour vous servir de tous ses moyens. Il sera le premier Napolitain qui vous prêtera serment. On suppose que le prince royal est resté à Naples ; si cela est, faites-le arrêter et conduire en France sous bonne escorte, c'est là mon ordre exprès, je ne vous laisse aucune latitude sur cet objet. S'il est un certain nombre de grands ou d'individus qui vous gênent, envoyez-les en France et supposez que je vous ai envoyé des ordres pour cet effet. Point de demi-mesures, point de faiblesse. Je veux que mon sang règne à Naples aussi longtemps qu'en France. Le royaume de Naples m'est nécessaire.

« NAPOLÉON. »

Tome XI, page 567.

AU GÉNÉRAL JUNOT

Paris, 4 février 1806.

« Je vous fais passer différentes pièces sur les affaires de Parme. Je ne conçois rien à tout ceci. Faites brûler cinq ou six villages ; faites fusiller une soixantaine de personnes ; faites des exemples extrêmement sévères, car les conséquences de ce qui se passe à Parme depuis un mois sont incalculables pour la sûreté de l'Italie.

« NAPOLÉON. »

Tome XII, page 5.

AU GÉNÉRAL JUNOT

COMMANDANT MILITAIRE DE L'ÉTAT DE PARME ET DE PLAISANCE

Paris, 7 février 1806.

« Monsieur le général Junot...,

« Le rapport du major du 42e est d'un homme qui ne connaît pas les Italiens, qui sont faux. Séditieux sous un gouvernement faible, ils ne redoutent et ne respectent qu'un gouvernement fort et vigoureux. Mon intention est que le village qui s'est insurgé pour se rendre à Bobbio soit brûlé, que le prêtre qui est entre les mains de l'évêque à Plaisance soit fusillé et que trois ou quatre cents des coupables soient envoyés aux galères... Ne parlez qu'à moi des abus de l'administration. Tous les abus, les excès de tyrannie même de mes agents, seraient-ils aussi nombreux que ceux de Carrier, sont excusés à mes yeux, le jour où les rebelles, comme ceux de Parme, courent aux armes et se font justice eux-mêmes... Brûlez un ou deux gros villages, qu'il n'en reste pas trace.

« NAPOLÉON. »

Tome XII, page 18.

AU PRINCE JOSEPH

Paris, 7 février 1806.

« Je suis fort content de mes affaires ici. Il m'a fallu beaucoup de peine pour les arranger et pour faire rendre gorge à une douzaine de fripons à la tête desquels est Ouvrard, qui ont dupé Barbé-Marbois, à peu près comme le cardinal de Rohan l'a été dans l'affaire du collier, avec cette différence qu'ici il ne s'agissait pas de moins de quatre-vingt-dix millions. J'étais bien résolu à les faire fusiller sans procès. Grâce à Dieu je suis remboursé [1].

« NAPOLÉON. »

Page 19.

AU PRINCE JOSEPH

Schœnbrunn, 2 nivôse an XIV (23 décembre 18 5).

« Mon frère, je vous envoie une lettre ouverte dont vous prendrez connaissance et que vous remettrez à M. Barbé-Marbois, après l'avoir cachetée. Je doute si je dois attribuer à la trahison ou à l'ineptie la conduite de ce ministre. Il a avancé aux fournisseurs 85 millions de l'argent du trésor, si j'avais été battu, la coalition n'avait pas un allié plus puissant.

« NAPOLÉON. »

Tome X , page 490.

AU PRINCE JOSEPH

Paris, 6 mars 1806.

« Mon frère, le moindre avantage que puisse procurer la conquête de Naples c'est d'entretenir votre armée de 40,000 hommes. Frappez une contribution de trente millions sur tout le royaume. Votre marche est trop incertaine. Il faut que vos généraux, vos soldats soient dans l'abondance. Trente millions ne sont rien pour le royaume de Naples. Vous avez sans doute fait réunir les prêtres et vous les avez rendus responsables du moindre désordre. Les lazzaroni doivent avoir des chefs. Au premier mouvement, chassez-en douze à quinze mille de Naples. S'ils ont des chefs, il faut qu'ils répondent de tout. Quelque chose que vous fassiez, sachez que vous aurez une insurrection. Désarmez-les.

« NAPOLÉON. »

Page 158.

AU PRINCE JOSEPH

Paris, 31 mars 1806.

« ...Vous n'avez pas besoin de vingt-cinq mille hommes pour prendre la Sicile : un corps de quinze mille hommes est plus que suffisant. Toute cette canaille, Napolitains et Siciliens, sont bien peu de chose. Les Corses étaient bien autre chose, et ils n'ont jamais résisté seulement à huit bataillons...

« NAPOLÉON. »

Tome XII, page 250.

AU GÉNÉRAL JUNOT

La Malmaison, 2 avril 1806.

« C'est par mon ordre que le prince Eugène réunit toute l'artillerie à Vérone. Le 5e léger vous est bien suffisant pour maintenir la police dans l'État de Parme. Où est le temps où, avec une colonne mobile de trois cents hommes et deux pièces de canon, j'aurais fait trembler neuf millions d'individus, mais on est devenu trop grand seigneur, on ne se remue pas, on dort et il ne faut point dormir.

« NAPOLÉON. »

Page 254.

AU PRINCE JOACHIM

La Malmaison, 10 avril 1806.

« ... Je trouve ridicule que vous m'opposiez l'opinion du peuple de Westphalie : que fait l'opinion des paysans aux questions politiques.

« NAPOLÉON. »

Page 273.

AU ROI DE NAPLES

Saint-Cloud, 5 juin 1806.

« Je n'ai pu faire mettre le discours de M. Rœderer dans le *Moniteur*, car, en vérité, il n'a pas de sens..... Je lis dans votre discours des phrases que vous me permettrez de trouver mauvaises... Vous comparez l'attachement des Français à ma personne à celui des Napolitains pour vous. Cela paraîtrait une épigramme. Quel amour voulez-vous qu'ait pour vous un peuple pour qui vous n'avez rien fait, chez lequel vous êtes par droit de conquête avec quarante ou cinquante mille étrangers... Si vous n'aviez pas d'armée française et que l'ancien roi de Naples n'eût pas d'armée anglaise, qui serait le plus fort à Naples?

« NAPOLÉON. »

Page 430.

AU ROI DE NAPLES

Saint-Cloud, 22 juin 1806.

« Il y a dans le *Journal de Paris* beaucoup d'articles ridicules sur Naples. Par exemple, il est déplacé de dire que l'impôt du sel a été aboli dans le royaume de Naples quand je l'établis en France... Sans doute il faut ménager le royaume de Naples, mais il y a une manière moins gauche de le faire; ne faites point sentir aux Français que le royaume de Naples ne leur est d'aucun avantage. Si vous avez aboli l'impôt du sel, vous avez mal fait. Avec ces ménagements vous perdrez votre royaume; avec ces ménagements vous ne prendrez ni la Sicile ni Gaète et vous manquerez des choses les plus nécessaires. Comment aurez-vous une armée, une marine, si vous accoutumez vos peuples à ne rien payer? Il faut qu'ils payent autant qu'en France, où il y a gabelle, enregistrement, timbre, sel, etc., etc.....

« NAPOLÉON. »

Tome XII, page 184.

AU ROI DE NAPLES

Saint-Cloud, 30 juillet 1806.

« .....Vous aurez Naples et la Sicile, vous serez

reconnu de toute l'Europe: mais si vous ne prenez point de mesures plus vigoureuses que celles que vous avez prises jusqu'ici, vous serez détrôné honteusement à la première guerre continentale. Vous êtes trop bon surtout pour le pays où vous êtes, il faut désarmer, faire juger et déporter...

« Souvenez-vous bien de ce que je vous dis : le destin de votre règne dépend de votre conduite à votre retour dans la Calabre. Ne pardonnez pas, faites passer par les armes au moins six cents révoltés ; ils m'ont égorgé un plus grand nombre de soldats. Faites brûler les maisons de trente des principaux chefs des villages et distribuez leurs propriétés à l'armée. Désarmez tous les habitants et faites piller cinq ou six gros villages de ceux qui se sont le plus mal comportés. Recommandez aux soldats de bien traiter les villes qui sont restées fidèles. Privez de leurs biens communaux les villages révoltés et donnez ces biens à l'armée. Surtout désarmez avec rigueur.

« Puisque vous comparez les Napolitains aux Corses, souvenez-vous que, lorsqu'on entra dans le Niolo, quarante rebelles furent pendus aux arbres et que la terreur fut telle que personne ne remua plus. Plaisance s'était insurgée ; à mon retour de la grande armée, j'y envoyai Junot qui prétendait que le pays ne s'était pas insurgé et m'envoyait de l'esprit à la française ; je lui envoyai l'ordre de faire brûler deux villages et de faire fusiller les chefs de la révolte parmi lesquels étaient six prêtres. Cela fut fait et ce pays fut soumis et le sera pour longtemps.....

« Si vous vous faites roi fainéant, si vous ne tenez pas les rênes d'une main ferme et décidée, si vous écoutez l'opinion du peuple qui ne sait ce qu'il veut, si vous ne détruisez pas les abus et les anciennes usurpations de manière que vous soyez riche, si vous ne mettez pas des impositions telles que vous puissiez entretenir à votre service des Français, des Corses, des Suisses, des Napolitains et armer des vaisseaux, vous ne ferez rien du tout...

« Puisque la Calabre s'est révoltée, pourquoi ne prendriez-vous pas la moitié des propriétés de ce pays pour distribuer à l'armée. Ce serait une ressource qui vous serait d'un grand secours et en même temps un exemple pour l'avenir. On ne change et ne réforme pas les États avec une conduite molle ; il faut des mesures extraordinaires et de la vigueur. Comme les Calabrais ont assassiné mes soldats, je prendrai moi-même le décret par lequel je confisquerai, au profit de mes troupes, la moitié des revenus de la province particuliers et publics. Mais si vous commencez à prendre pour principe qu'ils ne se sont pas révoltés et qu'ils vous ont été toujours attachés, votre bonté qui ne sera que faiblesse et timidité sera très-funeste à la France.

Vos amis le disent : vous n'inspirez pas de confiance, vous êtes trop bon.

« NAPOLÉON. »

Tome XIII, page 21

AU ROI DE NAPLES

Saint-Cloud, 9 août 1806.

Mon frère..., je vois avec peine le système que vous suivez. A quoi vous servent cinquante mille gardes provinciales armées et organisées? A rien qu'à vous dépenser de l'argent, à s'opposer à vos volontés, à élever et à avoir beaucoup de prétentions. Il n'y a point de système plus faux et qui, en dernière analyse, soit plus funeste. Au premier bruit de guerre sur le continent, ces individus seront au moins neutres et leurs chefs ouvriront des négociations avec l'ennemi. A la nouvelle d'une bataille perdue sur l'Isonzo ou sur l'Adige, ils se tourneront contre vous; suis-je vainqueur ou en paix; qu'en avez-vous besoin? Eh! mon Dieu, je ne regarderais pas ce système comme sans inconvénient en France. Combien ne peut-il pas être dangereux chez des peuples dont l'antipathie ne se vaincra que par le temps et les années..... Un seul cri italien de chasser les barbares au delà des Alpes vous arrachera toute votre armée. Je désire que vous me consultiez sur des matières aussi importantes. Il ne s'agit pas de dire que vous viendrez à mon camp. Un roi doit se défendre et mourir dans ses États. Un roi émigré et vagabond est un sot personnage. Je coordonnerai d'ici à peu d'années mon système, de manière à vous laisser un nombre de Français tel, qu'avec votre armée royale de Suisses, de Corses et de Napolitains, vous puissiez faire tête à l'orage.

« Une chose également importante, c'est de rappeler les agents de l'ancienne dynastie qui sont à l'extérieur. Il n'est pas convenable de les y laisser. Ils vous trahissent partout ; et de fait un honnête homme ne peut du soir au matin changer de visage...

« NAPOLÉON. »

Tome XIII, page 60.

AU ROI DE NAPLES

Rambouillet, 17 août 1806.

« ..... Je désirerais bien que la canaille de Naples se révoltât. Tant que vous n'aurez pas fait un exemple vous n'en serez pas maître. A tout peuple conquis il faut une révolte, et je regarderais une révolte à Naples comme un père de famille voit une petite vérole à ses enfants, pourvu qu'elle n'affaiblisse pas trop le malade. C'est une crise salutaire. C'est donc dans cette vue

que les châteaux doivent être armés et approvisionnés.
La partie de votre royaume la plus près d'être tranquille, c'est la Calabre, si l'on en fait une sévère justice...

« NAPOLÉON. »

Page 78.

A M. DE TALLEYRAND

Rambouillet, 21 août 1806.

« Monsieur le prince de Bénévent, il est essentiel d'écrire à mon chargé d'affaires à Florence et de parler ici au ministre d'Espagne, pour exiger que trente individus des plus coupables et connus pour les auteurs de l'insurrection d'Arezzo, soient exilés à trente lieues de la ville et que quelques-uns soient sévèrement punis. Le chargé d'affaires dira que voilà plusieurs fois que la ville d'Arezzo donne des exemples de mauvais sentiments et que si cela continue, l'empereur enverra dix mille hommes pour la saccager et la brûler.

« NAPOLÉON. »

Page 94.

AU PRINCE PRIMAT

Mayence, 1er octobre 1806 (avant la bataille d'Iéna).

« Mon frère, si le prince de Cassel est sincère, et qu'il veuille rester vraiment neutre, je n'ai pas l'intention de l'en empêcher. Je prie Votre Altesse de lui envoyer un courrier qui lui en donne l'assurance, mais il faut qu'il soit vraiment neutre. Aucun de mes détachements ne passera sur son territoire et je serai fort aise d'épargner les maux de la guerre à ce pauvre pays, puisque le malheur de l'Europe veut que je n'aie pas été le maître de faire jouir du même bienfait tous les autres peuples. Je n'ai dans le fait aucun sujet de me plaindre de Cassel. Je ne l'attaquerai jamais de mon plein gré...

« NAPOLÉON. »

Tome XIII, page 501.

A M. DE TALLEYRAND

Auma, 12 octobre 1806.

« ..... Je ne suis pas dupe de la neutralité de Hesse-Cassel ; je suis étonné que vous le soyez, après ce que

vous avez vu de mes mouvements et de la retraite de
l'armée prussienne.

« NAPOLÉON. »

Page 342.

AU MARÉCHAL MORTIER

Vittenberg, 25 octobre 1806 (après la bataille d'Iéna,
gagnée le 14).

« Mon cousin, vous trouverez ci-joint une note que
doit présenter mon ministre ou mon chargé d'affaires
à Cassel...

« Arrivé à Cassel, vous ferez transporter toutes les
armes et les canons à Mayence; vous désarmerez toutes
les troupes et vous prendrez les colonels, lieutenants
colonels, majors et capitaines comme otages que vous
enverrez sous bonne et sûre escorte, dans la citadelle
de Luxembourg.

« Si le prince de Hesse-Cassel et le prince héréditaire restent, vous les ferez l'un et l'autre prisonniers
de guerre et vous les enverrez sous bonne et sûre
escorte à Metz. Vous laisserez la femme et les enfants
maîtres de faire ce qu'ils voudront. Le prince de Hesse-
Cassel et le prince héréditaire seront arrêtés comme
généraux prussiens.

« Mon intention est que la maison de Hesse-Cassel

ait cessé de régner et soit effacée du nombre des puissances...

« NAPOLÉON. »

Tome XIII, page 594.

ANNEXE A LA PIÈCE PRÉCÉDENTE

« NOTE. — Le soussigné chargé d'affaires de S. M. l'empereur et roi d'Italie est chargé de déclarer à Son Altesse Sérénissime le prince de Hesse-Cassel, maréchal au service de Prusse, que Sa Majesté l'empereur a une parfaite connaissance de l'adhésion à la coalition de la Prusse de la part de la cour de Cassel...

« Que le soussigné a donc reçu l'ordre exprès de déclarer que la sûreté de l'armée française exige que la place de Hanau et tout le pays de Hesse-Cassel soient occupés ; que les armes, canons, arsenaux soient remis à l'armée française et que tous les moyens soient pris pour assurer les derrières de l'armée contre l'inimitié constante qu'a montrée à l'égard de la France la maison de Hesse-Cassel. »

Page 596.

27ᵉ BULLETIN DE LA GRANDE ARMÉE

Berlin, 4 novembre 1806.

« ..... Le prince de Hesse-Cassel, pour réponse à la note qui lui fut remise, demanda de marcher à la tête de ses troupes avec l'armée française contre ses ennemis, le maréchal Mortier répondit qu'il n'avait pas d'instructions sur cette proposition...

« NAPOLÉON. »

Page 170.

AU GÉNÉRAL LAGRANGE

Varsovie, 8 janvier 1807.

« Je reçois vos lettres du 26 décembre. J'avais déjà appris très-vaguement qu'il y avait eu une insurrection à Cassel...

« Mon intention est que le principal village où est née l'insurrection soit brûlé et que trente des principaux chefs soient passés par les armes. Un exemple éclatant est nécessaire pour comprimer la haine de ces paysans et de cette soldatesque. Si vous n'avez fait aucun exemple, faites-en un sans délai, cela est nécessaire pour le reste de l'Allemagne...

« Faites-moi un rapport détaillé sur toute cette affaire, ne me dissimulez rien. Je ne puis regarder une insurrection dans l'État de Cassel, au mois de janvier, que comme un événement heureux... Il vaut mieux qu'elle ait éclaté dans ce moment que lorsque les Anglais auraient pu faire des descentes sur l'Elbe. Il faut bien saisir le moment actuel pour les désarmer et laisser des traces qui restent dans les cantons qui se sont révoltés. Toute autre manière de se conduire serait funeste : trente des principaux coupables fusillés, deux ou trois cents envoyés dans les citadelles de France, et le bourg ou la petite ville, principal foyer de la révolte, brûlé, sont des exemples nécessaires et les actes de rigueur sont humains en ce qu'ils empêchent la renaissance de nouvelles séditions.

« NAPOLÉON. »

Tome XIV, page 171.

AU MARÉCHAL BERTHIER

Varsovie, 19 janvier 1807.

« ..... Écrivez au général Lagrange que j'ai lu sa lettre du 8 janvier ; que je suis loin d'être satisfait, que mon intention est que les deux petites villes d'Eschwege et de Hersfeld soient brûlées ou que les soixante plus coupables de ces deux villes et des environs soient fu

sillés et que le triple soit arrêté et conduit en France ;
que je n'ai jamais pu penser que quatre mille paires
de souliers pussent être le prix de l'amnistie accordée ;
qu'il envoie des colonnes mobiles de quatre mille
hommes vivre à discrétion dans les villes qui ont été
le théâtre de l'insurrection ; qu'on leur fasse connaître
ma volonté ; que les outrages faits à mes aigles ne
peuvent être vengés que par du sang ; deux cents personnes au moins doivent payer de leurs têtes cette
insurrection...

« NAPOLÉON. »

Page 215.

Lorsque ces lettres aux ordres impitoyables furent
écrites, la guerre d'Espagne, de sinistre mémoire,
n'était pas encore commencée.

XVI

POLITIQUE INTÉRIEURE DE NAPOLÉON

Napoléon se peint lui-même dans les lettres qu'on vient de lire. Jamais souverain n'a dit avec plus de conviction, d'énergie et de superbe :

Sic volo, sic jubeo, sic pro ratione voluntas.

A cette volonté de fer, Napoléon joignait une activité prodigieuse, un esprit qui embrassait l'ensemble et pénétrait en même temps dans les détails, voulait tout savoir et semblait présent partout. Imposant le silence à tous dans son empire, ne voulant que la publicité payée ou ordonnée par lui, se mettant au dessus

des lois qui auraient dû garantir la liberté individuelle
et l'indépendance des tribunaux, toujours prêt à envoyer dans une prison d'État, en séquestrant leurs
biens, tous ceux qui pouvaient lui être un obstacle ou
un embarras, Napoléon qui avait vu couler tant de
sang sur les champs de bataille et tenait si peu compte
de la vie des hommes, faisait trembler tout le monde ;
même ses principaux serviteurs qu'il comblait de
faveurs, de titres, de croix et de dotations, et savait
aussi, quand il le voulait, fasciner par le charme et la
puissance de sa parole et de son regard.

Convaincu qu'il en savait plus long dans son petit
doigt, suivant l'expression de l'une de ses lettres[1],
que les plus fortes têtes de son empire, se croyant
un être prédestiné, supérieur à l'humanité, il regardait
la résistance aux ordres que dictait son génie, comme
une sorte d'impiété qu'il fallait punir sans merci ; le

---

[1]
AU PRINCE EUGÈNE

Saint-Cloud, 14 avril 1806.

« ... Je n'ai point l'habitude de chercher mon opinion politique dans
le conseil des autres, et mes peuples d'Italie me connaissent assez pour
ne devoir point oublier que j'en sais plus dans mon petit doigt qu'ils
n'en savent dans toutes leurs têtes réunies, et à Paris où il y a plus de
lumières qu'en Italie, lorsqu'on se tait et qu'on rend hommage à l'o-
pinion d'un homme qui a prouvé qu'il voyait plus loin et mieux que
les autres, je suis étonné qu'on n'ait pas en Italie la même condes-
cendance.

« NAPOLÉON. »

Tome XII, page 285.

glorieux empereur érigea son pouvoir absolu en dogme, et ses écrivains, qui seuls pouvaient se faire entendre, façonnèrent à son gré l'opinion des Français et prêchèrent le culte de Napoléon. Il voulut, par un catéchisme imposé aux évêques et à l'aide de l'Université, création de son esprit centralisateur, s'emparer des intelligences et des âmes de toute la jeunesse française, les frapper de son empreinte, en faire les instruments fanatiques de son pouvoir. Après avoir renouvelé par le concordat la vieille alliance de l'Église et de l'État, il s'indigna bientôt de trouver dans le pape un pouvoir indépendant, un homme qui osait résister à ses volontés, et conservait une autorité sur la conscience de la plus grande partie de ses sujets; il eut recours à la violence pour briser cette seule volonté qui ne s'inclinait pas devant la sienne, et rêva toutes sortes de projets pour faire des membres du clergé les instruments dociles de son pouvoir sans bornes.

Son désir le plus ardent était de fonder une dynastie, mais quelles institutions avait-il créées pour la soutenir et la perpétuer? Il avait une trop grande expérience des hommes pour se dissimuler que son fils, dans les moments de grande crise, ne pourrait compter sur ce peuple de fonctionnaires obséquieux et serviles, dévoués avant tout à leurs places et prêts à changer avec la fortune; il crut avoir trouvé une force plus sûre pour maintenir sa dynastie; dans sa première jeunesse il

avait été frappé de cet axiome, partout répandu avant
1789, que la noblesse était le soutien du trône, et il
crut consolider son trône en créant une noblesse nouvelle, des princes, des ducs, des comtes, des barons et
des chevaliers ; pour perpétuer et affermir cette noblesse, il institua des majorats qui détruisaient l'égalité
des partages ; mais, ne voulant pas admettre d'autres
volontés, d'autres pouvoirs que sa volonté et son omnipotence, il se garda bien de donner à ses nouveaux
nobles la moindre attribution, le moindre droit réel ;
sa noblesse ne pouvait donc être qu'une vaine décora-
tion du trône, mais non un soutien, car cette noblesse
sans fonctions, inutile au public, qui choquait les idées
d'égalité du reste de ses sujets, n'était pas une force,
même avec les richesses dont il voulait la doter ; selon
une expression profonde, on ne s'appuie que sur ce qui
résiste.

En réalité le pouvoir de Napoléon ne reposait que
sur l'armée dont il comblait les chefs de faveurs et de
distinctions, qu'il gratifiait des riches dépouilles des
peuples vaincus ; mais une grande armée qui vient de
faire un souverain ne peut rester dévouée que si on l'occupe, si on lui donne des occasions de gloire et de fortune, il lui faut l'unité et la vigueur du commandement ;
pour perpétuer une dynastie dont les souverains peuvent
et doivent être parfois des hommes médiocres, ou des
vieillards, ou des enfants, il faut la volonté d'une na-

tion. L'empire n'était pas une véritable monarchie où
les droits de la dynastie sont garantis et limités par les
droits des sujets et de la nation ; c'était une dictature
militaire à la façon des Césars romains qui ne purent
jamais établir l'hérédité du trône parce qu'il n'y avait
dans l'empire romain qu'une armée maîtresse, et point
de nation, mais des multitudes.

On exalte sans cesse Napoléon comme un génie incomparable dans le gouvernement de l'État, exami-
nons :

Napoléon est-il un génie comme législateur ? Sans
doute il a ordonné et promulgué le Code civil et plusieurs autres codes. Toutes les anciennes coutumes qui
faisaient loi dans les différentes provinces ayant été abo-
lies par la Révolution, des lois générales pour toute la
France étaient nécessaires; mais en matière civile, com-
merciale et de procédure, les nouveaux codes ne furent
pas autre chose qu'un choix plus ou moins heureux
entre les différents articles des anciens édits ou des
coutumes, on n'y voit pas une disposition nouvelle; en
matière criminelle le code créa des tribunaux d'exception à côté des cours d'assises et fut empreint d'une rigueur extrême pour l'instruction et la punition des
crimes. Napoléon fut-il un homme de génie comme législateur pour avoir ordonné à quelques jurisconsultes
fameux et à son Conseil d'État de rédiger des codes où
l'on ne trouve pas une vue nouvelle, pas une seule dis-

position dictée par un véritable esprit de progrès? Mais le nouveau César, dont l'un des premiers actes de la puissance suprême fut le rétablissement de l'esclavage dans nos colonies, concevait-il le progrès? Comme législateur il ne fut pas plus un homme de génie que Louis XIV qui fit rédiger des ordonnances pour toute la France sur la marine, la justice criminelle, les eaux et forêts, et publia le Code noir.

Napoléon a fait preuve sans doute d'un grand talent pour juger les hommes, les plier à ses volontés, les utiliser pour son pouvoir et en tirer toute la substance; mais quant à l'organisation des pouvoirs et aux institutions, il n'a rien inventé de nouveau et de fécond.

Les justices de paix, le jury et la cour de cassation sont des créations de l'Assemblée constituante, les tribunaux de première instance et les cours impériales sont modelés sur les anciens bailliages et les parlements. Napoléon eut seulement grand soin de maintenir les juges sous sa main, et de leur enlever par des arrêtés de conflit la connaissance de tout procès dont la décision aurait pu porter la moindre entrave à son pouvoir.

Ses préfets et sous-préfets ne furent pas autre chose que les anciens intendants et les subdélégués, son Conseil d'État fut la continuation des conseils du roi; ses prisons d'État et ses ordres de détention et d'exil remplacèrent la bastille et les lettres de cachet; ses titres de noblesse et ses majorats ne furent qu'une copie des titres de l'ancienne noblesse et du droit d'aînesse ; son vaste système de centralisation fut bien le même que celui du gouvernement des rois de France depuis Richelieu et Louis XIV, seulement plus complet, plus absolu parce que la Révolution avait abattu ce qui se tenait encore debout et avait tout nivelé ; et la main du pouvoir pesait encore avec plus de force pour tout courber jusqu'à terre. Napoléon rétrogradait jusqu'à l'ancien régime pour y découvrir et pour faire revivre et développer ce qui pouvait servir à son pouvoir absolu. Tout le système de Napoléon avait pour but de comprimer, d'annuler toute initiative des particuliers, toute force individuelle, tout esprit d'association, et de charger l'État et ses fonctionnaires de tout faire, ce qui devait abaisser tous les caractères, atrophier les intelligences et paralyser tous les progrès : son système était-il celui d'un homme de génie ?

VII

POLITIQUE EXTÉRIEURE DE NAPOLÉON
HAINE DE L'ANGLETERRE, BLOCUS CONTINENTAL

Cet orgueil indomptable, cette imagination ardente, cette activité sans repos de Napoléon purent imposer à ses sujets une obéissance absolue, mêlée de crainte et d'admiration, ils produisirent dans sa politique extérieure des résultats désastreux et une guerre perpétuelle, quoiqu'il parlât sans cesse de la paix et dans le beau style de sa réponse au Corps législatif du 21 pluviôse an XIII.

« Messieurs les députés, résolu d'écrire au roi d'Angleterre, j'ai fait le sacrifice du sentiment le plus légitime et des passions les plus honorables. Le désir d'épargner le sang de mon peuple m'a élevé au-dessus des considérations qui déterminent ordinairement les hommes. Je serai toujours prêt à faire les mêmes sacrifices. Ma gloire, mon bonheur, je les ai placés dans le bonheur de la génération actuelle. Je veux, autant que je pourrai y influer, que le règne des idées philanthropiques et généreuses soit le caractère de notre siècle. C'est à moi, à qui de tels sentiments ne peuvent être imputés à faiblesse, c'est à nous, c'est au peuple le plus doux, le plus éclairé, le plus humain, à rappeler aux nations civilisées de l'Europe qu'elles ne forment qu'une même famille et que les efforts qu'elles emploient dans leurs dissensions civiles sont des atteintes à la prospérité commune. »

Tome X, page 145.

Napoléon, après avoir conclu la paix d'Amiens, fut bientôt en discussion avec l'Angleterre. Il lui demanda de chasser de son territoire les princes français et les émigrés, d'empêcher les libelles qui attaquaient sa politique, sa personne et ses actes, il la somma d'évacuer l'île de Malte. Le gouvernement anglais répondit qu'il ne voulait ni ne pouvait changer la constitution anglaise garantissant la liberté des étrangers et la liberté de la presse, et qu'il était prêt à rendre Malte à l'ordre de Malte reconstitué, si le premier consul renonçait au Piémont qu'il venait d'incorporer à la France, à Parme qu'il venait d'envahir, aux changements qu'il venait de faire dans les constitutions des républiques ligurienne, cisalpine, helvétique devenues ainsi de simples dépendances de la France. Le premier consul, qui allait devenir l'empereur, fut exaspéré de la résistance du gouvernement anglais à ses volontés; craignant d'ailleurs qu'avec la paix et des relations fréquentes entre les deux peuples, l'exemple du respect du gouvernement anglais pour la liberté individuelle et les droits des citoyens, le retentissement des libres discussions du Parlement anglais, ne fussent un grave danger pour le régime impérial et son pouvoir absolu, Napoléon recommença la guerre et ordonna l'arrestation comme prisonniers de guerre de tous les Anglais séjournant ou voyageant en France, hommes, femmes et enfants.

La haine de Napoléon contre l'Angleterre fut alors la grande passion de sa vie et un des principaux mobiles de toute sa politique. Il espéra d'abord saisir l'Angleterre corps à corps, la mettre sous ses pieds, l'anéantir.

Il écrivait de Milan le 9 juin 1805, à Decrès, ministre de la marine :

« Une nation est bien folle, lorsqu'elle n'a point de fortifications, point d'armée de terre, de se mettre dans le cas de voir arriver dans son sein une armée de 100,000 hommes d'élite et aguerris. Voilà le chef-d'œuvre de la flotille! Elle coûte de l'argent, mais il ne faut être maître de la mer que six heures pour que l'Angleterre cesse d'exister.

« NAPOLÉON. »

Tome X, page 504.

Il écrivait encore à Decrès, du camp de Boulogne, le 4 août 1805 :

« Tout est ici en bon train, et certes si nous sommes maîtres douze heures de la traversée, l'Angleterre a vécu.

« NAPOLÉON. »

Tome XI, page 59.

Mais Napoléon ne put assurer cette traversée, toutes ses combinaisons pour être maître un moment de la Manche échouèrent, et sa flotille et son armée restèrent dans les ports bloqués par la flotte anglaise.

L'Angleterre cependant suscita contre la France l'Autriche et la Russie mécontentes des agrandissements de la France après la paix de Lunéville, et l'armée qui devait envahir l'Angleterre partit de Boulogne pour la mémorable campagne qui devait se terminer à Austerlitz. Arrivé en Allemagne, Napoléon adressa à ses soldats une proclamation qui devait déguiser son impuissance à envahir l'Angleterre et les exciter contre elle :

Pfaffenhofen, 21 vendémiaire an XIV (13 octobre 1805).

« Soldats, il y a un mois nous étions campés sur

l'Océan, en face de l'Angleterre, mais une ligue impie nous a ordonné de voler sur le Rhin...

« Sans cette armée que vous avez devant vous, nous serions aujourd'hui à Londres, nous eussions vengé dix siècles d'outrages et rendu la liberté aux mers.

« NAPOLÉON. »

Page 525.

La victoire d'Austerlitz termina cette merveilleuse campagne, où le génie de Napoléon parut à son apogée, qui mit l'Autriche à sa merci, et l'année suivante la bataille d'Iéna détruisit la puissance de la Prusse. Mais si Napoléon était victorieux sur le continent, les Anglais devenaient les dominateurs suprèmes de la mer. Le 21 octobre 1805, les grandes flottes française et espagnole disparaissaient dans le désastre de Trafalgar, et, le 6 février 1806, l'amiral Duckworth détruisait la dernière escadre française qui tenait la mer dans les Antilles.

La haine de Napoléon contre l'Angleterre ne fit que s'accroître ; mais il ne voulut pas s'avouer l'impuissance où il était désormais d'anéantir l'Angleterre, il crut avoir trouvé contre elle une autre arme de guerre qui la forcerait à s'avouer vaincue.

L'Angleterre bloquait tous les ports français. Tout à coup Napoléon lança contre l'Angleterre un grand mot qu'il croyait une grande chose, il décréta le blocus continental de l'Angleterre.

Tout commerce et correspondance avec elle furent interdits. Tout sujet anglais trouvé dans les pays occupés par les Français ou leurs alliés sera fait prisonnier de guerre et toute marchandise provenant de l'Angleterre déclarée de bonne prise. Ce n'était pas seulement le commerce anglais que Napoléon voulait détruire, mais les idées anglaises ; du moins il voulait préserver ses peuples de la contagion de ces idées et de la connaissance des nouvelles qui auraient pu venir de l'Angleterre .

« Faites une circulaire, écrivait-il à son ministre Gaudin le 1er décembre 1806, et prenez des mesures pour que dans l'étendue de l'empire toutes les lettres venant d'Angleterre ou écrites en anglais et par des Anglais soient mises au rebut. Tout cela est fort important, car il faut absolument isoler l'Angleterre.

« NAPOLÉON. »

Tome XIV, page 5.

Le même jour il écrivait au prince Eugène :

« Mon fils, vous aurez le décret relatif au blocus de l'Angleterre. Ayez bien soin que toutes les lettres écrites en anglais ou par des Anglais soient arrêtées et mises au rebut. Il faut empêcher toute communication de l'Angleterre avec le continent. »

Page 8.

Il voulait, pour ainsi dire, appliquer à l'Angleterre cette peine terrible des sociétés antiques contre les criminels, l'interdiction du feu et de l'eau.

L'Angleterre de son côté prenait des mesures aussi violentes ; non-seulement elle bloquait les ports de la France et des pays qui se soumettaient aux décrets de Napoléon, détruisait leurs navires, mais elle défendait aux neutres tout commerce avec la France et ses alliés et s'arrogeait le droit de les visiter, de les saisir ; elle leur ordonnait de toucher à un port anglais avant de se rendre à leur destination. Napoléon, furieux de ces violences de l'Angleterre, ordonnait des mesures non moins violentes contre les neutres qui se soumettraient aux exigences de l'Angleterre, tout navire neutre qui avait touché l'Angleterre ou s'était laissé visiter par un vaisseau anglais serait déclaré de bonne prise.

Napoléon impose le blocus continental à la Hollande, à l'Italie, à tout le littoral de la mer du Nord, à la Prusse et à la Russie après la paix de Tilsitt, à la Turquie, à l'Espagne ; il l'étend aux côtes de l'Adriatique, par la conquête des îles Ioniennes et des provinces Illyriennes, il envahit le Portugal pour en chasser le commerce anglais, il détrône son frère Louis qui ne maintenait pas en Hollande le blocus avec assez de vigueur, il fait de la Hollande, des villes hanséatiques et du littoral de la mer du Nord, dix départements français pour y assurer l'exécution rigoureuse du blocus, il envahit la Russie en 1812, parce que, entre autres griefs, elle ne maintenait plus le blocus continental; ne pouvant vaincre l'Angleterre avec son armée de soldats, il s'imagine qu'il va la vaincre avec des armées de douaniers; il épuise la France par des guerres sans fin, il se fait détester de tous les peuples qu'il soumet à son joug et dont il blesse profondément les sentiments et les intérêts, il court aux abîmes dans l'espérance de ruiner l'Angleterre, vaine illusion! c'est la France au contraire qui se ruine et se perd par le blocus continental.

Les Anglais, secondés par les besoins et les sentiments des peuples auxquels on impose le blocus, font la contrebande sur la plus vaste échelle. Le commerce maritime de la France, de la Hollande, des villes hanséatiques, de tout le nord de l'Allemagne, de l'Italie, des îles Ioniennes, des provinces Illyriennes qui reçoivent les lois de la France n'existe plus, le commerce des neutres est rendu presque impossible par les mesures violentes de l'Angleterre et de la France elle-même; la marine marchande anglaise fait au contraire un commerce immense, non-seulement avec une grande partie de l'Europe par la contrebande, mais avec l'Amérique presque tout entière, l'envahissement du Portugal et de l'Espagne ayant été le signal de l'émancipation de leurs immenses colonies, avec les Indes, l'Afrique, l'Asie : elle a pour ainsi dire le monopole du commerce du monde. Le blocus continental qui devait la ruiner l'enrichit. C'est que l'idée de Napoléon était complétement fausse.

Napoléon croyait que l'Angleterre n'était puissante que par son commerce et semblait ignorer qu'elle était encore plus riche et plus puissante par son agriculture; il la croyait toujours à la veille d'une catastrophe financière et ruinée [1], il méconnaissait la grandeur féconde de ses institutions libres qui, assurant et développant l'énergie individuelle, l'énergie de tous, donnaient à la nation une force immense. Napoléon qui avait des idées fausses en économie politique, qui croyait par exemple aux accapareurs de grains, à la nécessité et au devoir pour le gouvernement de se faire marchand de grains pour assurer la subsistance des peuples, de faire baisser au besoin le prix du blé dans l'intérêt des classes ouvrières et au détriment des propriétaires, qui avait, en 1812, rétabli le maximum pour le prix des grains, s'imaginait que le commerce libre de l'Angle-

---

[1] Voici la lettre qu'il écrivait dès le 12 mai 1805 à M. Schimmelpenninck, grand pensionnaire de Hollande :

« ... Faites bien connaître au commerce de votre pays ces vérités : que l'Angleterre, après être arrivée au plus haut point de prospérité, est sur son déclin et ne peut que perdre. Pour le bien que nous voulons à nos fidèles alliés les Hollandais dans la chute que nous croyons imminente des affaires financières de l'Angleterre, mon intention est qu'ils y éprouvent le moins de pertes possible.

« NAPOLÉON. »

Tome X, page 401.

terre avec la France enrichirait l'Angleterre et ruinerait
la France, que la ruine de l'Angleterre ferait la richesse
de la France. Depuis Waterloo cinquante ans de paix
entre ces deux puissances ont prouvé, au contraire, que
le commerce entre elles les avait enrichies toutes deux;
il y a plus, les états des douanes ont démontré aux
partisans eux-mêmes de la balance du commerce que
l'Angleterre achète à la France pour des sommes bien
supérieures à ce qu'elle nous vend. Lorsque Napoléon
interdisait toute espèce de commerce entre la France
et l'Angleterre, c'était donc à la France qu'il faisait le
plus de mal. Son blocus continental faisait aussi un
mal incalculable à ses alliés et aux neutres, et loin de
ruiner l'Angleterre il lui assurait le monopole du commerce du monde.

Les résultats de son système, les faits, ont prouvé
l'erreur profonde de Napoléon. Tandis que de 1801
à 1814 la population de la France reste stationnaire, la
population du Royaume-Uni s'accroît rapidement et
s'élève de seize à vingt millions d'âmes et les progrès
de son agriculture et de son commerce dépassent tous
ceux des siècles précédents dans le même espace de
temps. A la fin de la grande lutte, la France est
épuisée d'hommes, et jamais l'Angleterre n'en avait eu
davantage.

XVIII

PROJET D'EXPÉDITION CONTRE L'INDE ANGLAISE

Napoléon voulut encore attaquer l'Angleterre d'une autre manière que par le blocus continental et il crut qu'il la ruinerait s'il pouvait détruire son empire des Indes.

Dès 1807 il envoyait comme ambassadeur en Perse, le général Gardane et lui donnait, le 10 mai, de son camp de Finkenstein, des instructions où on lit :

« La Perse est considérée par la France sous deux points de vue ; comme ennemie naturelle de la Russie, et comme moyen de passage pour une expédition aux

Indes. C'est à raison de ce double objet que de nombreux officiers du génie et d'artillerie ont été attachés à la légation du général Gardane. »

« NAPOLÉON. »

Tome XV, page 210.

Le 2 février 1808, après la paix de Tilsitt, Napoléon écrivait de Paris à l'empereur de Russie :

« Monsieur mon frère... Votre Majesté aura vu les derniers discours du parlement d'Angleterre et la décision où l'on y est de pousser la guerre à outrance... Ce n'est plus que par de grandes et vastes mesures que nous pourrons arriver à la paix et consolider notre système. Que Votre Majesté augmente et fortifie son armée. Tous les secours et assistance que je pourrai lui donner elle les recevra franchement de moi, aucun sentiment de jalousie ne m'arrivera contre la Russie, mais le désir de sa gloire, de sa prospérité, de son extension. Votre Majesté veut-elle permettre un avis à une personne qui fait profession de lui être tendrement et vraiment dévouée? Votre Majesté a besoin d'éloigner les Suédois de sa capitale ; qu'elle étende de ce côté ses frontières aussi loin qu'elle le voudra; je suis prêt à lui aider de tous mes moyens.

« Une armée de 50,000 hommes russe, française,

peut-être même un peu autrichienne, qui se dirigerait par Constantinople sur l'Asie, ne serait pas arrivée sur l'Euphrate, qu'elle ferait trembler l'Angleterre et la mettrait aux genoux du continent. Je suis en mesure en Dalmatie, Votre Majesté l'est sur le Danube. Un mois après que nous en serions convenus, l'armée pourrait être sur le Bosphore. Le coup en retentirait aux Indes et l'Angleterre serait soumise. Je ne me refuse à aucune des stipulations préalables, nécessaires pour arriver à un si grand but... Tout peut être signé et décidé avant le 15 mars. Au 1ᵉʳ mai, nos troupes peuvent être en Asie et à la même époque les troupes de Votre Majesté à Stokholm. Alors les Anglais menacés dans les Indes, chassés du Levant, seront écrasés sous le coup des événements dont l'atmosphère sera chargée...

« NAPOLÉON. »

Tome XVI, page 186.

N'est-il pas étrange de voir Napoléon qui a dicté depuis des phrases si amères et sous forme de prophétie contre le danger que peut faire courir à l'Europe l'envahissante et barbare Russie, solliciter Alexandre à s'agrandir aux dépens de l'un des plus vieux alliés de la France.

L'empereur de Russie s'empressa de profiter de l'avis et de la permission donnés par Napoléon contre la Suède et s'empara de la Finlande, mais il resta froid sur la proposition d'envoyer une armée russe réunie à l'armée française dans les Indes pour y détruire l'empire des Anglais.

Lorsque Napoléon envahit la Russie, en 1812, il rêvait encore, après avoir imposé la paix à Alexandre, de marcher aux Indes et d'y frapper, à ce qu'il croyait, l'Angleterre au cœur.

N'était-ce pas encore, comme le blocus continental, une idée complétement fausse?

D'abord une grande expédition contre l'empire anglais aux Indes n'était pas facile à travers des pays hostiles ou déserts, et lorsque les Anglais étaient maîtres de la mer et libres, par conséquent, de porter des forces et des secours sur tout le littoral de l'immense presqu'île des Indes; le succès de cette expédition aurait été fort douteux. La dernière guerre que la France et l'Angleterre viennent de faire à la Russie a bien démontré la difficulté de faire mouvoir des armées à de grandes distances par terre dans des pays pauvres et à moitié déserts, et la facilité que donne la mer à la puissance qui en est maîtresse pour transporter les armées, les faire vivre et les recruter. La Russie avait plus de peine à envoyer ses armées à Sébastopol à travers son propre pays, et à les nourrir, que l'Angleterre et la France n'en avaient à transporter leurs soldats à Sébastopol et à leur envoyer tout ce qui leur était nécessaire pour vivre et pour triompher.

Mais en supposant que Napoléon eût pu détruire l'empire des Anglais dans les Indes, l'Angleterre aurait-elle été frappée au cœur, se serait-elle mise aux genoux du continent, c'est-à-dire de Napoléon? La puissance anglaise n'était pas aux Indes, mais en Angleterre ; son empire indien était pour elle un brillant fleuron de sa couronne, mais en réalité une cause d'affaiblissement plutôt que de force ; il lui coûtait plus qu'il ne lui rapportait ; si l'Angleterre avait perdu les Indes, elle n'en aurait pas moins été une puissance aussi grande qu'avant cette conquête toute récente, elle n'en aurait pas moins dominé sur les mers et fait un commerce immense dans toutes les parties du monde. Lorsque l'Angleterre, après une longue lutte, perdit, en 1782, ses colonies de l'Amérique du Nord, tous ses ennemis s'imaginèrent qu'elle était frappée au cœur, que les sources de sa richesse étaient taries ; vingt ans après elle montrait au monde entier qu'elle n'avait jamais été aussi puissante. La perte de son empire des Indes l'aurait encore bien moins affaiblie que la perte de ses plus belles colonies d'Amérique.

XIX

CONQUÊTES SANS FIN ET SANS AVENIR

Du reste, si l'on croyait que la haine de Napoléon contre l'Angleterre, sa résolution de maintenir à tout prix le blocus continental et de rendre possible une grande expédition dans les Indes furent les seules causes de ses conquêtes, on serait dans l'erreur.

Napoléon savait bien qu'un soldat parvenu au trône par la gloire des armes ne peut, sans danger pour son pouvoir, laisser l'armée dans l'inaction ; dévoré d'ailleurs de la passion de dominer, il était enivré de la gloire des conquérants ; il voulait surpasser les plus grands, vieillir sa dynastie à force de triomphes, remplir l'univers de son nom. Aussitôt après

la paix de Lunéville, imitant Louis XIV qui, après
la paix de Nimègue, ordonnait de réunir à la France
des pays qui ne lui appartenaient pas par les traités,
Napoléon décrétait la réunion du Piémont à la France,
s'emparait de l'île d'Elbe, de Parme, de Gênes,
se faisait reconnaître comme souverain de la république Cisalpine, mettait sous sa main la Suisse et la
Hollande. Ce n'est pas la nécessité de maintenir le
blocus continental qui l'amène à s'emparer de l'Espagne, car le malheureux Charles IV mettait depuis
longtemps toutes les forces de son royaume à sa disposition et exécutait tous ses ordres. Il veut placer tous
les membres de sa famille sur des trônes. Il s'empare
de Naples et envoie son frère Joseph y régner sous ses
ordres, puis il le déclare roi d'Espagne; il fait de son
frère Louis un roi de Hollande, de sa sœur Élisa une
grande-duchesse de Lucques et de Piombino, de son
beau-frère Murat un grand-duc de Berg, puis un roi de
Naples, de son frère Jérôme un roi de Westphalie. Il
inquiète ainsi profondément toutes les anciennes dy-
nasties et tous les gouvernements de l'Europe disposés
à croire le mot qu'on lui attribue : « Ma dynastie sera
bientôt la plus ancienne de l'Europe. » Il épuise la
France pour faire ces conquêtes et soutenir ces rois im-
provisés; il excite une haine profonde dans le cœur des
peuples conquis, ruinés et méprisés, et dans celui de
ses alliés eux-mêmes, traités comme les instruments

passifs d'une volonté toute-puissante, écrasés par l'entretien des troupes françaises et versant leur sang pour asservir leurs frères et accroître, en l'affermissant, le joug qui pèse sur eux-mêmes.

Non content de suivre une politique aussi ambitieuse, aussi dangereuse, Napoléon a de tels changements de volonté qu'il ébranle lui-même l'édifice qu'il vient d'élever. Il fait un royaume d'Étrurie, puis il le supprime; il nomme Joseph roi de Naples, puis il l'envoie occuper le trône d'Espagne, comme il aurait donné de l'avancement à l'un de ses généraux; il crée son beau-frère Murat grand-duc de Berg, puis il en fait un roi de Naples; il institue son frère Louis roi de Hollande, puis il le détrône; il donne à Joseph le trône d'Espagne, puis il veut démembrer l'Espagne; il pense à réunir à la France les provinces au nord de l'Ebre, et par un décret du 26 janvier 1812 il fait de la Catalogne quatre départements français, ce qui avait pour résultat certain d'accroître encore la haine de la nation espagnole contre la France et de rendre absolument impossible le règne de Joseph.

Dans toute cette politique, voit-on l'homme d'État aux pensées justes et profondes, aux fermes desseins, dont la grandeur morale est à la hauteur des idées? Ne trouve-t-on pas plutôt l'ambitieux sans bornes, aux conceptions rapides et grandioses, qui se laisse entraîner par une imagination méridionale, un esprit égoïste et mobile, et dont la passion pour la domination et la gloire étouffe tous les scrupules de conscience sur les moyens de les conquérir?

Lorsque Napoléon arriva au suprême pouvoir comme premier consul, la France s'étendait jusqu'aux Alpes et jusqu'au Rhin, et l'on peut affirmer qu'elle ne désirait pas s'étendre au delà; elle accueillit avec bonheur la paix de Lunéville, qui lui assurait ces conquêtes rêvées depuis des siècles par les rois de France et la nation française. Mais en 1812, au moment de la guerre de Russie, combien nous avions dépassé nos frontières naturelles! Les départements français s'étendaient sur tout le Piémont, sur l'État de Gênes, sur une partie des États Romains, sur la Catalogne, sur la Hollande, sur le nord de l'Allemagne, depuis le Rhin jusqu'au Danemark. Napoléon était roi d'Italie, c'est-à-dire du nord-est de l'Italie, protecteur de la Confédération du Rhin, c'est-à-dire le dominateur de quatorze millions d'Allemands : son empire s'étendait jusque sur les provinces Illyriennes et les îles Ioniennes et confinait à la Turquie ; Naples, la Westphalie, l'Espagne, étaient des royaumes gouvernés sous ses ordres par ses frères : en voyant toutes ces conquêtes et cette puissance prodigieuse, la multitude s'écriait alors, et est encore tentée de s'écrier aujourd'hui, en parlant de Napoléon : « Quelle grandeur et quel génie! » Sans doute Napoléon a montré du génie pour gagner les batailles qui lui avaient soumis tant de peuples ; mais dans la conception même de cette grandeur trouve-t-on le génie d'un homme d'État? L'édifice merveilleux qui avait coûté la vie à tant de millions d'hommes pour l'élever, ne reposait-il pas sur le sable, n'était-il pas destiné à s'écrouler bientôt en écrasant d'autres millions d'hommes ?

Supposons que Napoléon n'eût pas fait la campagne de Russie, qu'il eût borné ses conquêtes aux immenses pays qu'il possédait dejà, qu'il fût venu à bout de vaincre la résistance du Portugal et de l'Espagne : supposons qu'il fût mort sur son trône, croit-on que cet empire gigantesque aurait pu se maintenir sous son successeur qui, selon toute probabilité, aurait été un homme ordinaire?

Sous l'ancienne monarchie, combien de fois les Français voulurent faire des conquêtes en Italie ; ils ne purent jamais les conserver, et, selon un vieux et sinistre proverbe : l'Italie était le tombeau des Français.

L'Espagne dont le peuple au courage farouche était si orgueilleux de ses grands souvenirs, l'Espagne qu'on démembrait, aurait-elle toujours supporté le joug d'un vassal de la France?

Les trois millions de Hollandais et les dix-sept millions d'Allemands d'outre-Rhin transformés en sujets ou en vassaux de la France, dont les idées, les mœurs, étaient si peu d'accord avec les nôtres, dont l'orgueil national et les intérêts étaient si profondément blessés, auraient-ils longtemps courbé la tête?

Les peuples de l'Autriche, de la Prusse, de la Russie, de l'Angleterre, auraient-ils été toujours vaincus par le successeur du nouveau Charlemagne?

Cette domination gigantesque devait être nécessairement suivie d'une réaction violente et de revanches sanglantes. Ces conquêtes au-delà du Rhin, des Alpes et des Pyrénées, obtenues au prix du plus pur sang de la France, devaient infailliblement être perdues tôt ou tard et attirer sur la France les plus cruels désastres.

XX

GUERRE DE RUSSIE, POLOGNE DÉLAISSÉE

Mais Napoléon ne voulut pas même se borner à cet empire gigantesque, si difficile à consolider. Il voulut envahir la Russie, parce qu'elle affectait l'indépendance, ne maintenait pas le blocus continental, et se permettait de réclamer pour un petit prince, le duc d'Oldenbourg, parent de l'empereur Alexandre, et dont les États avaient été englobés dans un des nouveaux départements français. C'est ici qu'il est difficile de rien comprendre à la politique de Napoléon.

Il ne pouvait vaincre la résistance des Portugais et des Espagnols secondés par les Anglais ; en vain ses armées étaient victorieuses dans des batailles rangées, elles succombaient aux fatigues, aux privations et sous les coups d'escopettes et de poignards de toute une population féroce soulevée par le patriotisme et la haine Napoléon, au lieu de porter toutes ses forces dans la Péninsule pour vaincre enfin cette formidable résistance, s'en va à l'autre bout de l'Europe attaquer, avec cinq cent mille soldats, une redoutable puissance défendue par l'immensité de son territoire et son âpre climat, en laissant derrière lui l'Allemagne frémissante, prête à se soulever, comme le lui disait son propre frère, le roi de Westphalie, dans une lettre que l'histoire doit conserver :

5 décembre 1811.

« Sire, établi dans une position qui me rend la sentinelle avancée de la France, porté par inclination et par devoir à surveiller tout ce qui peut donner atteinte aux intérêts de Votre Majesté, je pense qu'il est convenable et nécessaire que je l'informe avec franchise de tout ce que j'aperçois autour de moi. Je juge les événements avec calme, j'envisage les dangers sans les craindre, mais je dois la vérité à Votre Majesté et je désire qu'elle ait assez de confiance en moi pour s'en rapporter à ma manière de voir.

« J'ignore, Sire, sous quels traits vos généraux et vos agents vous peignent la situation des esprits en Allemagne ; s'ils parlent à Votre Majesté de soumission, de tranquillité et de faiblesse, ils s'abusent et la trompent. La fermentation est au plus haut degré, les plus folles espérances sont actuellement caressées avec enthousiasme, on se propose l'exemple de l'Espagne, et si la guerre vient à éclater toutes les contrées situées entre le Rhin et l'Oder seront le foyer d'une vaste et active insurrection. »

Malgré ces avertissements, malgré les supplications de ses plus fidèles serviteurs, Napoléon commence cette fatale guerre de Russie. Quels sont ses vues, ses espérances, son but?

Après avoir d'abord parlé de la Russie comme d'un empire barbare et sans force, comme d'un épouvantail, d'une chimère (6 mars et 51 octobre 1806), après l'avoir lui-même sollicitée et aidée à s'agrandir (2 février 1808), il la représente alors comme une menace perpétuelle contre l'Europe qui se courbera sous sa domination s'il n'arrête pas ses progrès par des victoires.

Mais si Napoléon veut diminuer d'une manière efficace et permanente la puissance de la Russie, de cet empire immense qui peut nourrir tant de millions d'hommes et dont la population s'accroît si rapidement, il ne peut y parvenir qu'en rétablissant la Pologne dans ses anciennes limites. Non-seulement l'empire russe

serait ainsi diminué d'une grande étendue de territoire
et d'une population considérable, mais la Pologne
peuplée de vingt millions d'hommes et dont le nombre
s'accroîtrait rapidement, présenterait une barrière à
l'ambition de la Russie et protégerait la sécurité du
reste de l'Europe. Certes nous ne prétendons pas dire
que cette résurrection de la Pologne fût facile, mais
évidemment c'était la seule chose à tenter. Napoléon, en
imposant la paix à l'Autriche deux fois vaincue, aurait
pu se réserver sa portion de la Pologne, il aurait pu
obliger la Prusse à n'en pas conserver la plus petite
partie, et laisser à l'Autriche et à la Prusse d'autres
provinces qu'il leur enlevait; mais au moment même
où il envahissait la Russie, il garantissait à l'Autriche
la Gallicie et à la Prusse des lambeaux de la Pologne,
et il se mettait ainsi dans l'impossibilité de la rétablir
dans son entier. Avait-il au moins l'intention de faire
de toute la Pologne russe un royaume indépendant? En
aucune manière. Plusieurs dé ses lettres sur la Pologne
et son discours si froid, si décourageant, si ambigu,
au début de la campagne de Russie, à la députation
qui lui apportait l'adresse de la diète de Varsovie, ne
peuvent laisser sur ce point capital aucune espèce de
doute.

Le potentat qui avait renversé tant de trônes, qui
avait dit avec tant de décision et d'énergie : Les Bourbons de Naples ont cessé de régner, la maison de

Hesse-Cassel a cessé de régner, la maison de Bragance a cessé de régner, les Bourbons d'Espagne ont cessé de régner, le pape a cessé de régner, ne voulut pas dire : Le royaume de Pologne est rétabli. C'est qu'il voulait bien une petite Pologne, un grand-duché de Varsovie et des soldats polonais à ses ordres, mais il ne voulait pas une grande Pologne qui, d'après l'esprit de ses peuples, ne se serait pas bornée à l'indépendance et aurait réclamé la liberté.

Napoléon ne voulant pas rétablir la Pologne, la guerre avec la Russie, même quand elle aurait été couronnée de succès, ne pouvait avoir que des résultats sans portée. Lors même que Napoléon aurait imposé la paix à l'empereur de Russie, après de sanglantes victoires, qu'aurait-il pu en exiger? Une contribution de guerre, une observation plus stricte du blocus continental, une expédition dans l'Inde contre les Anglais! Quel aurait été le résultat d'un pareil traité de paix? La Russie, profondément blessée dans ses intérêts et dans son orgueil, l'aurait bientôt violé, et son empereur serait revenu au cours naturel de sa politique ambitieuse, à la politique traditionnelle de Pierre le Grand.

Cette guerre de Russie n'était que l'acte insensé d'une imagination en délire et d'un orgueil gigantesque. Elle était regardée avec effroi par tous les hommes de bon sens, par les principaux généraux de Napoléon, mais très-peu osèrent lui faire de timides observations, tant les volontés de tous étaient accoutumées à s'anéantir devant la sienne; un seul homme, sans écouter personne, précipita donc la France dans un abîme.

Lorsque, après avoir complétement perdu cette immense armée qui avait envahi la Russie, Napoléon, échappé miraculeusement à la captivité et à la mort, parvint à reformer en 1813 une nouvelle et puissante armée, et à remporter même les victoires de Lutzen et de Bautzen, il refusa une paix inespérée, magnifique, que lui offrait l'Autriche lors du congrès de Prague, une paix qui lui aurait laissé non-seulement la France agrandie jusqu'aux Alpes et au Rhin, mais encore une partie de l'Italie et de la Hollande, une paix dont il cacha les conditions à ses ministres, à ses généraux, à tout le monde parce qu'il savait bien que son armée, que la France entière l'auraient accueillie avec joie et la lui auraient imposée si elles en avaient connu les conditions. N'écoutant que son orgueil blessé et ses rêves d'ambition gigantesque, il voulut continuer la guerre contre toute l'Europe coalisée; la conséquence fatale de cette résolution insensée, ce fut le désastre de Leipsick et l'invasion de la France.

XXI

CONCLUSION

Beaucoup de personnes en France ont une telle
frayeur de la démocratie, un tel amour de repos à
tout prix, qu'elles ne veulent pas du gouvernement
parlementaire, elles le flétrissent du nom de gouvernement des avocats et des bavards ; leur idéal, ce n'est
pas une monarchie tempérée, car elle ne peut exister
que par la discussion et le contrôle : c'est le gouvernement absolu d'un seul. Le premier empire devrait
cependant leur donner à réfléchir.

Voilà un homme extraordinaire, éclairé de toutes
les lumières créées par des siècles de haute civilisation,
investi de ce pouvoir absolu. Il est regardé par ses
contemporains comme supérieur par ses grandes idées,
ses facultés transcendantes, son génie incomparable,
aux hommes les plus illustres de son temps ; il est à la
tête d'une grande nation, la première de l'Europe par
l'éclat de l'esprit, des beaux-arts et des sciences, par
sa nombreuse population, ses richesses, la valeur incomparable de ses armées ; il trouve pour le servir des
talents éminents qui se sont fait jour et ont grandi au
milieu des troubles et des guerres de la révolution,
et que fait-il de tous ces éléments admirables de force
et de grandeur? que fait-il de cette France où lui seul
a la parole et une volonté dominant et entraînant toutes
les autres? Après de grandes victoires, de grandes
conquêtes, un grand éclat, après avoir écrasé, exaspéré tous les peuples de l'Europe continentale, il voit
sa fortune prodigieuse s'écrouler, et la France épuisée
d'hommes, agonisante, subit la honte d'une invasion
par des armées étrangères avides de vengeance contre
lui et contre nous.

Ah! si la nation française, après avoir poussé
l'amour de la liberté jusqu'à souffrir les crimes de la
Terreur, n'avait pas abdiqué, par crainte de l'anarchie,
tous ses droits et toute volonté entre les mains d'un
homme si grand qu'il fût, si Napoléon avait été le chef

d'une nation libre et jalouse de rester libre, son orgueil ne se serait pas enivré de l'omnipotence, des millions d'hommes n'auraient pas été sacrifiés à une ambition sans bornes, à des projets chimériques, insensés, la France n'aurait pas été envahie, la France n'aurait pas perdu ses frontières naturelles du Rhin et des Alpes, et Napoléon lui-même ne serait pas mort prisonnier de l'Europe sur le rocher de Sainte-Hélène.

Sans doute le meilleur gouvernement parlementaire, qui a du reste ses inconvénients comme les plus sages institutions humaines, n'aurait pas donné à la France une aussi grande gloire militaire achetée par tant de sang, mais le plus mauvais gouvernement parlementaire aurait-il amené sur la France la dixième partie d'aussi effroyables malheurs?

Le pouvoir absolu porte dans son sein un principe de ruine et de mort. Dieu seul, dans le gouvernement de l'univers, doit être absolu parce qu'il est seul l'intelligence infinie et la suprême sagesse; mais un homme, quand il s'élève seul au-dessus d'une nation muette et prosternée et a l'audace sacrilége de vouloir jouer ici-bas le rôle de Dieu, sera bientôt, que sa tête soit puissante ou faible, frappé de vertige.

Napoléon a dit sur lui-même à Sainte-Hélène un

mot que je n'aurais pas osé dire, mais que je puis bien répéter :

« On ne saurait se coucher dans le lit des rois sans y gagner la folie, j'y suis devenu fou. »

FIN

TABLE DES MATIÈRES

FIN DE LA TABLE DES MATIÈRES

PARIS — IMP. SIMON RAÇON ET COMP., RUE D'ERFURTH, 1.